JN206462

70歳からの人生の楽しみ方

いまこそ「自分最高」の舞台に立とう！

櫻井秀勲
Hidenori Sakurai

きずな出版

はじめに

70歳が見えてくると、人生をふり返りたくなる。しかし――

「過去より未来を見ていきましょう」

というのが、この本で私があなたに伝えたい強いメッセージです。

私は今年88歳になりましたが、自分の「70歳」の頃をふり返ってみると、まだまだ若く、気持ちもからだも最高だったことを思い出します。

いまの時代、60代は「高齢」というのは早すぎます。けれども、70歳となったら、どうでしょう。どんなに若々しくしていても、やはり「高齢者」であることは否定できません。

それでも自分のこととなると、70歳を迎えようとするいま、あるいは、すでに70歳を過ぎても、まだまだ高齢者、老人にはなりきれない、なりたくない、という人が多いのではないでしょうか。

私自身もそうでした。自分では、「『老人』なんてとんでもない」「まだまだ若い人たちには負けない」と思っていたのです。

強いて「老人」というなら、それは、ノーベル賞作家のヘミングウェイの名作『老人と海』の主人公、老漁師のサンチャゴのイメージです。

サンチャゴはたった1人で大物のカジキを仕留めるのですが、殺されることはあっても敗北はない、と思うのです。私はそのサンチャゴに、自分を擬していたということはありました。

じっさい私の70代は、人生の中でいちばん本を書いた時代といっても過言ではありません。「死ぬこと」はあっても、「書けなくなることはない」と思っていました。まさに人生という荒波と、たった1人で闘っているような感覚があったのです。

私は54歳で出版社を辞め、独立しました。初めての本を出版したのは56歳のときです。書き手としては、決して早いスタートとはいえません。それどころか、当時は定年を55歳で設定していた会社も多く、その意味では、私の初出版は、人生の再スタートというよりは、それまでの仕事の「総まとめ」のようなイメージを持たれた読者もいたかもしれません。

でも、人生はわからないものです。

56歳から、88歳のいままでに、私の著作は200冊を超えました。

著作100冊のときには、仲間たちがお祝いの会をしてくれましたが、それが72歳のときです。それからの16年で、あとの100冊を書くことができました。

それだけのエネルギーが、当時の私にはたっぷりあったということでしょう。

そして、これは私が特別だった、ということではないと思います。

70代は、知力も体力も、そのエネルギーはまだまだ十分に残されています。

あなたに、したいと思うことがあるなら、それにチャレンジしていきましょう。それがまだまだできる、というのが70歳を迎えるあなたに、お伝えしたいことです。

年を取ると、過去に目が向くようになります。

昔のことが思い出されて、アルバムや日記を引っ張り出して、あらためて整理し直すという人もいるでしょう。それはそれで、楽しいことです。

でも、それだけではもったいない、と私は思います。

過去もいいものですが、未来もあります。

高齢者には未来がないというのが、これまでの常識でしたが、いまはそんなことはありません。

高齢者こそ、未来に希望を持って生きていくことが大切だと思うのです。

「年金生活で、どうして未来に希望なんて持てるんだ」

という声が聞こえてきそうですが、

「年金生活だからこそ、未来に希望を持たないでどうするんだ」

と私はいいたいのです。

年金だけでは生きていかれない。少なくとも、ラクな暮らしはできない、というのは現実でしょう。

けれども、だからといって、希望は持てないのでしょうか。

「希望」とは、「あることの実現をのぞみ願うこと。また、その願い」「将来に対する期待。また、明るい見通し」と辞書にあります。

「未来」といえば、何十年も先のことのようで、もう自分には関係ないと思う人もいるかもしれません。

たしかに、70歳になって、「未来に希望を持て」というのは、少し大げさな表現かもしれませんが、でも、いくつになっても、「明日、こうなったらいいな」「来年はこうしよう」という目標や目的を持つのは大事なことです。

それがあれば、生きていくことが楽しみになります。

せっかく70歳まで、なんとか生きてきたのです。だったら最後にもう1回、楽しむのです。

それこそ、山あり谷あり、どん底ありで、今ここにいる、という人がほとんどでしょう。

寿命は、神様から与えられたもので、なかには、志半ばで命の期限が来てしまう人もいます。そうした人たちとの別れを経験されたこともあったでしょう。

あなたがいま、ここに生きているということには意味があります。

だから、何かを成し遂げよう、ということではありません。

ただ、楽しむことをすること。少なくとも、それをしようと努力することが、命を与えられていることへの義務、ではないでしょうか。

人生を楽しむには、目を過去よりも、明日や未来に向けることです。

知っていることだけ、知っている世界だけでなく、知らないこと、知らない世界に踏み出してみることです。私はそれを実行、実現してきました。

「いまさら、知らない世界になんて行けませんよ」

などと遠慮することはありません。

「知らない世界」は、それほど大層なものではありません。

たとえば、若い人たちが行列しているところに並んでみるだけでも、新しい発見があるかもしれません。

「なんの行列だろう？」「どんな食べ物なんだろう？」「どんな味がするのだろう？」――そう思って並んでみましょう。

行きたいと思いながら行けなかった場所や、以前は行っていたけれど、最近は行っていない場所に行くだけでも、気持ちは過去から未来へと動いていきます。

たとえば図書館、美術館や映画館、動物園、水族館や公園、ディズニーランドやＵＳＪ（ユニバーサルスタジオジャパン）などのテーマパークなどなど、計画するだけでも楽しそうです。

外に行かなくても、いままで読んだことのないジャンルの本を読んだり、絵を描いたりするのもいいでしょう。

私の会社がある東京・神楽坂はランチをするのには絶好の街ですが、平日の午後には、妙齢の女性たちのグループをたくさん見かけます。楽しんでいる様子を見ると、私まで、なんとなく華やいだ気持ちになりますが、女性というのは、男性よりも、「人生の楽しみ方」をじつによく知っています。

新しいこと、新しいものに出会ったときに、「自分とは関係ない」とするか、「自分も体験したい」と思うかだけで、人生は違ってきます。後者のほうが楽しいのは、いうまでもありません。


ところで、「たのしい」「たのしむ」には通常「楽しい」「楽しむ」が使われますが、次のように表現されることがあり、それぞれ少しずつ意味が違います。

（1）楽しむ――人生を通して心が満ち足りて、明るく愉快な気分になる。
（2）愉《たの》しむ――趣味や個人的な嗜好《しこう》において、満ち足りた気持ちになる。
（3）娯《たの》しむ――家族や仲間と笑い興じて心を慰《なぐさ》める。心を愉快にして興じる。

本書のタイトルは『70歳からの人生の楽しみ方』としていますが、この「楽しみ」には、「愉しむ」も「娯しむ」も含まれます。

70歳からは、どんなかたちでもいいから、自分が楽しむこと、自分を喜ばせることが大事なのです。

自分だけが楽しむわけにはいかない、などと考える必要はありません。

あなたが人生を楽しむことで、あなたのまわりの人たちの人生が、明るく幸せになることもあるのです。

70歳になって、まだまだ仕事に頑張っているという人も少なくないと思いますが、40代、50代の頃と比べれば、その働き方はだいぶ変わってきたでしょう。それは年代によって役割が違うからです。

70歳という年齢になったから、もう働けないということではありません。70歳には、70歳の働き方があります。言葉を換えるなら、職場でも、家庭でも、それ以外の場所でも、貢献のしかたは、年齢によって変わるということです。

若いときには体力で貢献していたことを、年長者は知恵で貢献するのです。

あるいは、その存在感で貢献するということもあります。

あなたがそこにいるだけで貢献できるということがあるのです。

「自分がそこにいるだけで貢献できる?」

その通りです。どう貢献できるかは、本書でお話ししていきましょう。

貢献できる、貢献できていると自覚することは、私たちの誰にとっても、何よりの喜びだと思うからです。

「もう年だから」

「もう先がないから」

「自分には余裕がないから」

そんなふうに弁解して、人生を楽しむことをあきらめないでください。

もうすでに人生100年時代に入っているのです。

死にたいと思っても、当分死ねないかもしれません。

そうであるなら、考え方を一回転させてみませんか？

人生はまだまだ、楽しいことにあふれています。

あなたに、それを享受《きょうじゅ》していただくために、筆を進めていきたいと思います。

櫻井秀勲

70歳からの人生の楽しみ方【目次】

第2章 「未知の人」「未知の世界」に触れてみる

第3章 「使えるお金」「使わないお金」を使い分ける

第4章

「病気をしたとき」「ケガをしたとき」を覚悟しておく

第5章 「恋愛」「セックス」を人生から閉め出さない

第6章 「家族の絆」「仲間の絆」を断ち切らない

第7章 「したいこと」「しないこと」を決めておく

第8章 「80歳の自分」「90歳の自分」を楽しみに迎えよう

おわりに

70歳、あるいは70代という年齢で、あなたにしてほしい最後の1つ――

70歳からの人生の楽しみ方

いまこそ「自分最高」の舞台に立とう！

第1章

「歩ける」
「食べられる」を
長く保つ

からだが思うように動かなくなった？

70歳からの人生の楽しみ方には、さまざま方法がありますが、その前提条件として、「健康であること」というのがあります。

でも、１００パーセント健康だといえる人は、それほど多くはないのではないでしょうか。

持病があるという人もいるでしょうし、とくに病気というわけではなくても、歯や歯茎が衰えたり、足腰が思うように動きにくくなったりというのは、70代になれば、それが普通でしょう。

硬いものが食べられなくなったり、激しい運動をしたり、長い距離を歩いたりということが、キツくなったと感じることもあるでしょう。

私の場合でいえば、70歳を過ぎたくらいから食道が細くなり、食べたものが詰まりやすくなりました。

気をつけていれば、ふだんの生活では支障はないのですが、会食などの席では、硬いものは避けるようにしています。

脚のほうは丈夫で、歩くことはいまでも、それほど苦になりませんが、硬い椅子に長く座っていると、お尻が痛くなってしまいます。それだけ脂肪が減ってしまっているわけです。

まわりの人たちからは「若々しい」といわれても、やはり、からだは正直なものです。でも、それは仕方ありません。それだけ長く使ってきたのですから、新品のようにはいかないわけです。

だから、そのことを気にしすぎないようにしています。

気にしてしまうと、外に出たり、人と会ったりすることが億劫《おっくう》になってしまうからです。

70歳からの人生を楽しむコツは、自分の世界を狭《せば》めないことです。

どこにでも出かけていき、誰とでも会うことで、世界は広がっていきます。

昔のおじいさん、おばあさんは、いつも家にいました。家の中では、それほど動く必要がありませんし、できることも、会う人の数も限られます。世界がどんどん小さくなってしまうのです。

「自分の世界を広げなさい」というのは、若い人たちのための言葉のように思われるかもしれませんが、若い人たちの世界は、放っておいても広がっていくものです。

けれども、60代、70代となれば、世界はどんどん狭まっていきます。

だからこそ、そうならないように意識することが大切なのです。

年齢よりも若々しい人に共通して見られるのは、よく食べることです。

それだけ歯と胃腸が丈夫だということでしょう。

しっかり噛むことができれば、胃腸の負担は軽くてすみます。その意味で、歯のメンテナンスは、70代になったら、それまで以上に気をつけたいことの1つだと私は思っています。

また、足腰は使うことで強くなります。疲れない程度に、歩くことは毎日の日課として心がけるようにしましょう。私は人一倍足腰が強いのか、疲れてぐっすり眠るほど、毎日歩いた上に、土曜日はゴルフにも行っていました。その日常が80代になって生きているのだと思います。

そのためには、「食べたいものがある」「行きたいところがある」というのが一番です。「食べたいものはない」「行きたいところもない」というのでは、せっかく健康であっても、宝の持ち腐れになってしまいます。

逆にいえば、多少のからだの支障はあったとしても、「食べたいもの」「行きたいところ」があるというのは、元気で、人生を楽しんでいる人です。

からだの衰えを自覚しながら、そのからだとうまくつき合っていくことが、人生を楽しむための基本といってもいいでしょう。

まずは脳トレで、頭を活性化させて老化を防ぐ

いまのあなたにとって一番の恐怖といえば、

「将来、ボケてしまったらどうしよう」

ということではないでしょうか。

お金がなくなるのも、病気やケガをするのも困りものです。パートナーなど、身近な人が亡くなるということも、できれば自分の身には起こってほしくないことですが、それでも、自分さえしっかりしていれば、なんとか乗り切れそうな気がします。

ところが、認知症になって、自分のことも家族のこともわからなくなってしまったら、と考えると、私も他人事ではありません。

ここで、問題です。
次の漢字は、すべて花の名前です。あなたは、いくつ、わかりますか？

① 秋桜
② 霞草
③ 撫子
④ 桔梗
⑤ 金鳳花
⑥ 睡蓮
⑦ 蒲公英
⑧ 勿忘草
⑨ 雛罌粟
⑩ 吾亦紅

答えは、次の通りです。

①秋桜――コスモス
②霞草――カスミソウ
③撫子――ナデシコ
④桔梗――キキョウ
⑤金鳳花――キンポウゲ
⑥睡蓮――スイレン
⑦蒲公英――タンポポ
⑧勿忘草――ワスレナグサ
⑨雛罌粟――ヒナゲシ
⑩吾亦紅――ワレモコウ

最近は、「高齢者」のための脳トレが盛んなようです。

年齢から来る脳の衰えや認知症の予防として、前にあげたような漢字の読み方や、熟語、ことわざなどの穴埋め問題、計算問題、なぞなぞやパズル、クイズ、ゲームなどが、脳を活性化させる助けになるということで用いられています。

介護施設などではレクリエーションとして、それらを実施しているところも多いようですが、本や雑誌、ムックやウエブ、スマホなどでも簡単に体験することができます。

テレビのクイズ番組を楽しみにしている人も多いかもしれませんが、出演者と一緒になって、答えを考えたりするでしょう。私も、知っていることが問題に出たりすると、つい大きな声で答えをいって、家族を驚かせてしまうことがあります。

正解になれば、いよいよ気分は盛り上がって、いつのまにか前のめりに番組を見ていた、ということもあります。

私はなんでも、つい熱くなりがちですが、頭のためには、悪いことではないようです。

脳にとって、考えることは活性化につながり、その答えが正解であろうが不正解であろうが、どちらでもよいようです。介護の手引きなどを見ると、高齢者にクイズを出す場合には、正解の数にはこだわらなくていいということが書かれていました。

ところで、ここで1つ断っておきたいことがあります。

この本の中で、「高齢者」「老人」という言葉は、できるだけ使いたくないと私は思っています。現在88歳の私は、いまでも「高齢者」といわれるのには違和感があります。そんなふうに、一括りにされたくないという思いがあるからです。

それは、あなたも同じではないでしょうか。

「70歳」は「70歳」で、これから年を重ねても、「高齢者」になる必要はありません。少なくとも、ネガティブなイメージで、それをとらえることはないと思うのです。

これからの時代は、昔のように頭の固いステレオタイプでは、表現できないことが増えていきます。それが、個人のこととなればなおさらでしょう。

70歳という年齢を迎えても、あなたはあなたです。

そのためにも、脳の活性化は大事なことです。

前では、花の漢字をあげましたが、計算が好きな人、歴史が好きな人など、興味の対象はいろいろでしょう。

自分の興味のあることを深め、広げていくことで、脳は間違いなく活性化されていきます。週末の新聞には、高齢者用の脳トレ記事が掲載されています。それを毎週継続するだけで、老化はくい止められるのです。

それを楽しみながらするのが、70歳からの人生の楽しみ方でもあります。

健康法は、ゆるいくらいがちょうどいい

健康であることが大事となると、からだにいいものはなんでも取り入れたくなるのが人情です。

「ブロッコリーにはデトックス効果がある」

「トマトを食べたら、がんにならない」

「納豆が血液をサラサラにしてくれる」

などなど、そうと聞けば、とりあえずは食べておこう、となるのではないでしょうか。

食材の他にも、サプリメントや健康食品、健康器具なども、「買ったことがある」という人も多いでしょう。それ自体を悪いことだとは思いません。

むしろ、さまざまに研究された結果として販売されているものなら、効果も期待できるでしょう。実際に、その効果を実感できたとしたら、それに越したことはありません。

ただし、「健康」を意識しすぎるあまり、「からだにいいこと」だけにとらわれてしまうのは、どうでしょうか。

70歳で、いま入院するようなこともなく過ごせているとしたら、もともと健康だということがいえそうです。

そうであれば、自分の健康に自信を持つことが大事だと私は思います。

「自分は健康である」と思えれば、それだけで大きな自信になるはずです。

たとえば、仲間内で「旅行しよう」ということになっても、自信を持って参加することができます。

自分の体力に自信が持てないと、一緒に行く人たちに迷惑をかけてしまうのではないかと考えて、行きたくても行けない、ということになりがちです。

頑張って参加できたとしても、食べられないものが多かったり、途中で疲れてしまったりして、結局、迷惑をかけてしまった、ということにもなりかねません。

それがきっかけで、「もう旅行はできない」と決めつけてしまうこともあります。

健康なときには、それが当たり前のように思ってしまいますが、本当は有り難い、とても幸せなことです。

その健康を1日でも長く維持できるようにすることが、70歳からの人生ではとても大切ですが、「健康」が「目的」となってはいけません。

なんのために健康でありたいか、ということです。

たとえば、食べたいものが食べられ、行きたい場所があれば、自分の足で行くことができる。そのためには、健康でなければならないわけです。

だから、いろいろな健康法を試すことは悪いことではありませんが、そればかりになっては生活が窮屈《きゅうくつ》になってしまいます。

70歳を過ぎたら、健康法も、あまり厳しくせず、ゆるく続けていくことです。

ゆるく続けていけるなら、その方法は、あなたに合っている、といえるかもしれません。

健康法は、理想の通りといかないまでも、6割方できていれば「まあ、いいか」と思えたら、気が楽です。

70歳まで頑張ってこられた身体です。完璧な健康法ができていなくても、元気は保てるのではないでしょうか。

中年を過ぎたら、脂っこいものは避けたほうがいい、ということをいわれますが、私は昔から天ぷらや唐揚げ、日本料理よりイタリアンのほうが好きでした。でも、病気になったこともメタボの経験もありません。

好きなものは我慢しない、というほうが、私のからだは、よいように思っています。

からだに合うものが、からだにいいものになる

「身土不二《しんどふじ》」という言葉があります。

「地元の旬の食品や伝統食がからだに合っている」という意味で、大正時代に食養会というところが創作したものだといわれていますが、もともとは仏教用語として使われていました（仏教用語では「しんどふに」）。

私は、「自分のからだと生まれ育った土地や環境の食物は一致している」と理解して、自分が生まれ育った環境のものを食べるように心がけています。それが自分のからだに合っていると思うからです。

私は東京の下町、墨田区で生まれ育ち、父は群馬県、母は千葉の九十九里の出身です。

食生活というのは、自分が生まれ育った土地とは別に、両親の生まれ育った環境にも影響を受けるものです。

私が子どもの頃の東京の下町では、魚なら小魚類、肉は豚肉、野菜は大根、大豆類が地のものとされていました。

海の近くの九十九里で育った私の母は、肉よりも魚と豆類が馴染《なじ》みが深く、食卓に上がる回数は多かったように記憶しています。

父の故郷である群馬は、古くからキャベツやこんにゃくが特産です。私は父を2歳のときに亡くしていますが、それでも、自分のからだには群馬でできたものが合っていると思っています。

そうして、結婚してからも、なるべく魚は小魚類、肉は豚肉を中心とし、野菜はキャベツ、大根、大豆類を中心に、食生活を構成しています。

私が88歳のいまも元気でいられるのは、この食生活のおかげだと信じています。というのは、もともとの体質は、それほど健康ではなかったからです。

どちらかといえば線の細い子どもで、皮膚も弱く、中学生のときには、手に疥《かい》癬《せん》ができて、湯治《とうじ》に行かされるほどでした。

その湯治先で、私は太宰治に出会い、作家をめざし、編集者となるわけですが、それはともかく。就職の採用試験では、肋膜炎《ろくまくえん》（胸膜炎）であったことが問題となって、講談社から、当時の子会社であった光文社にまわされることになります。私が健康で、湯治にも行かされず、光文社にもまわされずにいたら、私の運命は変わっていたでしょう。

けれども、大人になってからは、いまの年齢まで、病気らしい病気もせずに過ごしてきました。

20代の後半で、創刊されたばかりの「女性自身」に配属され、31歳で編集長になりましたが、週刊誌の編集長の仕事というのは過酷で、いまでいえば、ブラックそのものです。

その日のうちに帰宅できるのは稀《まれ》で、私が床につけるのは午前3時から5時、というのが日常でした。

食事は15分ですませ、毎夜のように酒席にも顔を出さなければなりません。

私は煙草《たばこ》は吸いませんでしたが、当時のことで、職場でも酒席でも、煙草の煙にまみれていたといっても過言ではありません。

それでも健康でいられたのは、まさに「身土不二」に則《のっと》った食生活の賜物《たまもの》だと思っています。

あなたにとっての「身土不二」は、どんなものでしょうか。

それを意識してこなかったとしても、知らず識《し》らず、からだが求めていたということもあるかもしれません。

からだに合うものは、長続きします。

いまからでも、「身土不二」を意識してみませんか。

飲み過ぎ、食べ過ぎは短命の元

この本では、88歳まで生きてきたからこそ、わかったことをお伝えしていくわけですが、それは私だけの話に限るものではありません。

70歳を過ぎると、かつての仲間たちの訃報が多くなりました。

早い人は、それよりももっと若くして、この世から旅立っていきました。

そんな知らせが入るたびに悲しく、寂しい気持ちになったものですが、なかには、健康を損《そこ》ねるような生活を続けて、その寿命を縮めてしまったのではないかと、悔しい思いをしたこともあります。

「お酒を飲む」「煙草を吸う」というのは、健康を害する二大巨頭のように思われがちですが、それをしていても、健康で長生きする人は大勢います。

煙草やお酒が害になるというのは、やはり、その量が多すぎるということがあるように思います。

でも、それより重要なのは、どんな場所で喫煙、飲酒しているかです。

私の個人的な統計によれば、「狭い場所」「天井が低い場所」に何時間もこもって、煙草を吸う環境にある人は、命を縮める危険性が高いようです。悪い空気が澱《よど》み、それががんを誘発するケースが多いからです。

お酒は昔から「百薬の長」といわれ、適量のお酒は、どんな良薬よりも効果があるとされています。じっさい100歳を過ぎた人で、毎日、晩酌《ばんしゃく》を欠かさない、という人は多いようです。

私も、夕食時のビール1杯を、何十年間ほとんど欠かしたことがありません。40代、50代の頃には、もう少し飲んでいたのですが、いまでは缶ビール1個で十分です。若い頃には「もっと飲みなさい」と促《うなが》されるようなこともなくはありませんでしたが、70歳を過ぎた人間に、そんなことをいう人はいません。

その意味では、70歳になるのも悪いものではないでしょう。

自分のペースで、自分が適量だと思える量を飲めばいいわけです。

ただし、これは私がもともとお酒に弱いからいえることで、お酒が好きな人は、その「適量」が過ぎてしまうことはあるでしょう。

お酒に限らず、食べすぎも、それによってエネルギーが過剰となると、内臓脂肪が増える原因になります。

年齢を重ねることで、運動量は少しずつ減り、1日の消費カロリーは減っていきます。それなのに、摂取カロリーは減らないままとなれば、それはそのままメタボリックシンドロームの道に進むことになります。

人間のからだはよくしたもので、年齢が上がるにしたがって、「昔のようには食べられない」「昔のようには飲めなくなった」というふうになるようです。

私の知り合いの女性で、70歳になった途端に痩せてしまったという人がいました。それまでは高血圧で、医者から体重を落とすようにいわれても、なかなか効果が出なかったそうですが、それまでの苦労が嘘のように理想の体重を維持しているようです。聞けば、その女性の両親ともに痩せ型で、自分だけが突然変異かと思っていたら、「結局、母親そっくりのおばあちゃんになった」と笑っていましたが、そういう体質というのもあるのでしょうか。

からだが小さくなった分、食べる量も減ったそうですが、病気もせず、先日、元気に喜寿を迎えたということです。何事も、過ぎたるは及ばざるが如《ごと》しで、70歳を過ぎたら、腹8分目でいいでしょう。

ただし、私は違いました。私は60代より仕事量が増えたので、逆に食べる量が増えています。深夜まで書き続けたので、午前1時頃に4食目の軽食を摂《と》っています。

その習慣は現在でも続いており、おそらく88歳で「1日4食」は、世界でも私1人かもしれません。しかし食事量というものは、運動量に合わせるのが正しいと思います。私はまだそれだけ働いているといえるのかもしれません。

歩くときの姿勢を意識しよう

ふだん、買い物に出かけるとき、散歩に出るとき、あなたの歩幅は何センチくらいでしょうか?

「そんなこと、意識したこともありません」

という人が多いでしょう。私も、じつはそうでした。

70歳を過ぎてから、足腰が重要だと考え、歩くことは心がけていましたが、歩幅については、それこそまったく気にしていませんでした。

けれども、大学の同級会などで、「老けたなあ」と思うような級友たちを見ていると、彼らの歩幅が小さいことに気づいたのです。

颯爽《さっそう》と歩く、というのは若さの象徴のようなものです。

いまの世代は、昔よりもずっと若くなっていて、実年齢よりもマイナス10歳で、年相応のイメージがあります。

つまり、実年齢が40歳の人は30歳、50歳の人は40歳、60歳の人は50歳です。ほとんどの人が実感しているのではありませんか？

70歳になっても、気持ちは60歳くらい、いや、もっと若い50歳くらいに自分のことをイメージしている人は少なくないと思います。そして、じっさい傍《はた》から見ても、自分のイメージと大差のない人もいます。

私たちは、若く見えるというと、その人の顔からそれを判断すると思ってしまいますが、顔だけでは、それほどの若々しさを表現できません。

私は、人相学・手相学の大家でもあった芥川賞作家の五味康祐から直伝で学びましたが、童顔、老け顔というのは、たしかにありますが、70歳になったら、童顔であっても「若々しい」にはならないのです。

人間の若々しさは、そのスタイルと姿勢にかかっています。腰を曲げて歩けば、それだけで「おじいちゃん」「おばあちゃん」になってしまいます。

立つときは、できるだけ顔を上げ、まっすぐ前を見て、背筋を伸ばすことです。背筋が伸びると、胸が前に出ます。そのときに、両肩が内側に向かないようにしましょう。女性の場合には、それだけでバストアップの効果が出ます。

男性でも、胸を張れば堂々と見えます。

男性でも女性でも、この「堂々と見える」ということが、とても大事です。自信がないと人間のからだは、小さく縮こまりがちになります。70歳という年齢は、つい縮こまってしまいがちですが、堂々とするだけで、逆に自信も湧いてきます。

それに笑顔を加えることです。じつはテレビを見ていてもわかりますが、70代に入った人で、笑顔になれるタレントは、ほとんどいません。ビートたけしは72歳ですが、自分では笑っているつもりかもしれませんが、そうは見えません。

タレントでも70歳になると、泣いたような笑顔になるくらいですから、ここを注意しましょう。私は毎朝、鏡の前で顔の筋肉を動かし、笑顔ができてから出社するようにしています。

どんな高級な場所に行っても、引けを取らずに振る舞うことができるというのは、70歳からの人生を楽しむ上で、とても大切な要素です。

そして、そのときに意識するのが、歩幅です。

姿勢を正すと、歩幅は自然と、大きくなります。

目や耳が悪くなると、外を歩くときなどは、知らず識《し》らず慎重になります。よく前を見るために、あるいはまわりを気づかうために、足で探りながら歩くことになります。それをやめてしまいなさい、ということではありません。

70歳を過ぎたら、転ぶのは命取りです。まずは転ばないようにすることが、第一です。

けれども、悪くなった目や耳のメンテナンスにも、手を抜かないようにしましょう。杖や補聴器を使うことに抵抗のある人は多いですが、いまの時代、それらはどんどん進化しています。

私も、数年前から補聴器を使っています。

最初は、それに頼るのがとてもイヤでした。でも、聞こえないというのは、まわりの人からすれば、「反応がない」「答えがちぐはぐ」のように思われるのです。そうして、少しずつ特別扱いになって、気づいたら孤立していたということにもなりかねません。

私が経験から学んだことは、「文明の利器は使うべきだ」ということです。

足下が心配なら、杖も、いろいろあるようです。

杖は、その持ち方、使い方で、イメージは変わります。そういえば、昔の「英国紳士」が描かれる場合には、ステッキを携《たずさ》えていました。

さあ、1章では、まずは健康、からだのことを書いてきましたが、背筋が伸びたところで、新しい世界を広げていきましょう。

第2章

「未知の人」「未知の世界」に触れてみる

「生まれて初めて！」の体験を増やそう

年を重ねていくにつれて、残念なのは「新しい体験」に出会う機会が減っていくことです。

子どもの時代には、それこそ毎日、新しい発見があったような気がします。

思春期に入って異性を意識するようになってからは、ドキドキの連続だったでしょう。

社会人になったときも、仕事を通して、人づき合いの基本など社会的な常識を知っていくわけですが、褒《ほ》められたり怒られたりしながら、経験を積んできたはずです。

それがいつのまにか、仕事にも慣れ、暮らしにも慣れ、たいていのことは「当たり前」と思うようになっているのではないでしょうか。

たとえば、何か失敗をしてしまったというとき、経験の浅い人の場合には、「とんでもないことをしてしまった」と思って落ち込むことは、よくあることです。それが、人生の修羅場《しゅらば》をいくつも乗り越えたベテランになると、同じ失敗でも、「これは致命傷にはならない」と思って、冷静に対処することができます。

これぞ大人の余裕というものですが、一方で、その余裕が、嬉しいことに出会っても、「こんなことはたいしたことじゃない」と、それほど喜べない弊害を生むわけです。

この数カ月で、どんな「生まれて初めての体験」があったでしょうか？

□ 行ったことのない場所に行ってみた
□ 新しいレシピで料理をつくった
□ 講演会やセミナーに行った（教えた）

□ 新しい異性の友達ができた
□ 行きたかったレストランに行った
□ カラオケで新しい曲をマスターした
□ 新しいお稽古事を始めた
□ 日曜大工をやってみた
□ ＦａｃｅｂｏｏｋなどのＳＮＳを始めた
□ 豪華客船の旅に参加した
□ パーティーを開いた
□ 髪型、髪色を変えた
□ 資格を取った（資格を取るための勉強を始めた）

……などなどをあげてみましたが、どんなことでも、自分にとっての「新しいこと」を始めるのは、人生の喜びにつながっていきます。

70歳にもなれば、たいていのことは「経験済み」といえるでしょう。

そうなると、実際には新しい体験であっても、そのままスルーしてしまうことがあります。

それだけ鈍感になってしまう、ということです。

「貧《ひん》すれば鈍する」ということわざがあります。

貧しくなると、生活のことばかりに追われて、心までも貧しくなってしまうという意味ですが、「貧しい」というのは、お金がないということだけに限りません。

「満たされていない」という意味もあります。

心が満たされていないと、素晴らしいことに出会っても、感覚が鈍って、そのことに気づけなくなるのです。それでは、人生は楽しめません。

「生まれて初めて！」と思えるような体験を、意識して増やしていきましょう。

それが、感性を磨いていくことにつながります。

70歳になったらコンプレックスは手放していい

退職しても、退職する以前の名刺を持ち歩く人がいる、という話を聞いたことがあります。実際に、「元・〇〇社　部長」というような名刺をもらったこともあります。

それだけ、自分のしてきた仕事に自信があるということかもしれませんが、自分を誇るものが「昔の肩書きだけ」というのでは、ちょっと寂しい気もします。

ところで、70歳になれば、名刺を持つような仕事からは離れている人が多いかもしれません。

ずっと名刺を持って働いてきた人の中には、この名刺を持たない生活が頼りなく、それだけで、現役でなくなったような気分になる人もいるかもしれません。

けれども、名刺がなくなるというのは、それまでの自分から解放されることでもあります。もう課長でもなければ、部長でもない。逆の見方をすれば、平社員でもないわけです。

肩書きというのは、上下関係を示すもので、違う会社であっても、自分より上の肩書きの人には、コンプレックスを抱きやすいものです。会社の名刺がなくなるというのは、そのコンプレックスから解放されることでもあるのです。

名刺の有る無しにかかわらず、70歳になったら、あらゆるコンプレックスを手放していきましょう。

自分の容姿やスタイル、学歴、仕事、パートナーの職業などなど、自分の理想とはほど遠い現実に、落ち込んだり傷ついたりしたことがあったかもしれませんが、「70歳を過ぎたら、皆同じ」と私は思います。

どんな美人も、どんな神童も、どんな大会社の社長でも、70歳になれば、ただの人。たいした差はない、ということです。

お金だって、あるかないかは誰にもわかりません。だから劣等感を抱くことなど、まったくないのです。

自分の中のコンプレックスを手放したところで、いまの自分にできること、したいことを実践、行動していきましょう。

60代では、まだまだ周囲の目を気にしてできなかったことも、70歳になったら「解禁」してもいいのではないでしょうか。

「70歳」というのは不思議なもので、その年齢に達すると、自分というより、周囲の、あなたを見る目が変わってきます。

たとえば、あなたも、「お年寄り」に対しては寛容になるということがあるでしょう。周囲の人たちは、70歳のあなたに対して、それと同じになるわけです。

そこで、「年寄り扱いされた」と憤慨《ふんがい》する必要はありません。そのメリットを上手に受け取ることも、人生の楽しみ方の1つなのですから。

面白そう！と思ったら、研究してみよう

最近、どんなことに興味を持ったでしょうか？

70歳を過ぎると、心がドキドキすることはありません。それだけ身体の内部が落ち着いてしまったからです。

それでもテレビを見ていて、「これは面白い！」と思ったことはありませんか？

そう思ったら、「研究」のチャンスです。

「研究なんてしたことがない」という人も多いかもしれませんが、たとえば、たまたま読んだ小説が面白くて、その作家の作品を全部読んでしまった、というような経験はありませんか？　それも、１つの研究です。

ある人物のことを知って、その人にまつわる本を読んだり、ゆかりの地を訪ね

たりしたことはありませんか？　私はいま、新しい1万円札のモデルになる澁沢栄一に興味を持ち、彼の子孫とつながるところまで来ました。これも、私にとって1つの大研究です。

1つの研究テーマが見つかると、それに関連することにも興味が湧いてきます。それがあなたの知識を広げ、教養を深めてくれます。

「教養」には「教え育てる」という意味がありますが、それは、明治時代の作家で社会運動家でもあった木下尚江《なおえ》の長編小説『良人《おっと》の自白』で表現されました。教養を身につける、というときの「教養」とは、「学問、幅広い知識、精神の修養などを通して得られる、創造的活力や心の豊かさ、物事に対する理解力」「社会生活を営む上で必要な、文化に関する広い知識」と辞書には出ています。

カルチャースクールの「Ｃｕｌｔｕｒｅ」は「文化」と訳されることが多いですが、本来の意味は「教養」です。

教養の有る無しで、その人の品格が決まります。

70歳を過ぎたときにいちばん大切なのが、この品格ではないかと私は思っています。品格のある人は、まわりから大切に扱われます。それだけ幸せに、日常を送ることができるはずです。

私の場合は、70代に入ってから、まわりに若い人たちが集まるようになりました。自分の子どもの世代というより、孫の世代に近い人たちと話をする機会も増えました。これは、私に「教養」に近い知識や経験があるからではないかと密《ひそ》かに思っています。

若い人というのは、年長者に比べれば経験がありません。知っていることが少ないわけです。だから、自分の知らないことを教えてくれる人は、彼らにとって「得な存在」となります。

余談ながら、若い人に「得」を取らせるのも大切なことです。

わかりやすい例でいえば、たまには「メシをおごってやる」ということです。ごちそうである必要はないという意味で、「メシ」と書いていますが、場所はカフェでも居酒屋でもいいのです。

そこで、自分の体験や研究から学んだ「教養」を面白く話すことが、彼らを喜ばせ、得をさせることになります。

ただし、それが説教になってしまっては、若い人どころか、家族や仲間でさえ離れていってしまうでしょう。

「教養」と「説教」は、まったく根本から違います。説教には教養がありません。日々、自分の教養を身につけていきましょう。新しく学んだことは、誰かに話したくなるものです。それが、あなたの話材を豊富にします。

教養というと、すぐ難しく考える人がいますが、若い人たちが真剣に、夢中になって聞く内容が、教養と思っていいでしょう。

さあ、あなたはこれから、どんな教養を身につけますか?

研究テーマは無尽蔵にあります。自分が「面白そう！」と思ったことにフォーカスしていきましょう。

「品格のある人」に人は集まる

70歳を過ぎたら「品格」が大切だと、前の項で書きました。

品格は教養を身につけることで高めることができますが、それはいわば「内面の品格」です。

『人は見た目が9割』というのは劇作家・竹内一郎さんのミリオンセラーになった本で、非言語コミュニケーションについて、わかりやすく書かれています。よくも悪くも、私たちは見た目で判断したり、されたりしてしまいます。

70歳になったら、この見た目をいままで以上に意識したいものです。

「ただの老人」と「紳士」「マダム」の差は、「年齢」よりも「見た目」にかかっているといっても過言ではありません。

どんなに内面が教養にあふれていても、ジャージ姿やサンダル履きでは、その教養は伝わらないわけです。医者も白衣を着なければ、ただのおっさんです。

会社に行くときには、それなりの格好をしていくわけですが、近所のコンビニにちょっと行くという場合には、気を抜いてしまいがちです。

誰に会うわけでもないと思って出かけたときに限って、誰かに会ってしまうというのは、人生にはありがちです。

松任谷由実の「DESTINY」という曲がありますが、この歌詞が、まさにそんな状況を歌っています。

「冷たくされて　いつかは
みかえすつもりだった
それからどこへ行くにも
着かざってたのに

どうしてなの　今日にかぎって
安いサンダルをはいてた」

フラれた相手に再会するときには、最高の自分で会いたくて、いつも気をつけていたのに、その日に限ってサンダル履きだった、という話です。

ユーミン世代にとっては、若い頃に同じような体験をしたという人も多いのではないでしょうか。

それはともかく、品格のある人というのは、身なりもきちんとしています。逆にいえば、身なりに気を配ることで、品格を高めることができます。ふだんから、たとえ近くに行くだけのようなときにも、きちんとした服装を心がけましょう。

もう1つ、品格を上げる方法としてオススメしたいのが、「高い場所」に行くことです。

「高い場所」というのは、高級な場所という意味もありますが、高層階の建物や、地上を見下ろすような展望台など、文字通り「高い」ところのことです。

50代、60代は、地下のバーなど、下に潜《もぐ》ることも悪くありませんが、70歳を過ぎたら、できるだけ明るい場所に行くほうが、あなたを若々しくさせます。

直射日光を浴びるのはよくありませんが、やわらかな日差しや照明は、肌を明るく美しく見せます。それは、女性だけでなく、男性にとっても大切なことです。品格のある人といえば「神様」がその最高位ですが、神々《こうごう》しさは光が満ちたところに表れます。

インテリアは、間接照明にするとおしゃれな感じになりますが、70歳以降には、それだと暗すぎます。我が家は、昼も夜も明かりを煌々《こうこう》とつけていますが、そのほうが安全だということの他に、気持ちも明るくなるように思います。

人は、明るい場所に集まります。明るい人にも、人が集まるのです。

資格を取って、新しい世界を開く

「学び直し」という言葉を知っていますか。

２０１７年9月に政府は「人生１００年時代構想推進室」を起ち上げましたが、「人生１００年時代構想」とは次のように説明されています。

「『人生１００年時代』の提言をもとに、自らが主導して、超高齢化社会の日本において経済・社会システムが今後どのようにあるべきかの構想」

そもそも「人生１００年時代（１００年ライフ）」という言葉は、人材論、組織論の世界的権威、リンダ・グラットンがアンドリュー・スコットとともに著した『LIFE SHIFT（ライフ・シフト）』（東洋経済新報社、２０１６年刊）で登場します。寿命が１００歳前後まで延びていくにあたって、「国・組織・個人がライフコースの見直しを迫られている」と警告したのです。

日本政府は、そうした時代への取り組みとして、次のような社会づくりを推進していくことを掲《かか》げています。

（1）子どもたちの誰もが経済事情にかかわらず、夢に向かって頑張ることができる社会
（2）いくつになっても学び直しができ、新しいことにチャレンジできる社会

説明が長くなりましたが、ここで「学び直し」という言葉が使われました。「学び直し」とは、その言葉の通り、「以前に学んだものをもう一度学ぶこと」です。辞書には、「特に、社会人が、学校教育で学ぶ内容の知識を勉強しなおすこと」ともあります。

大学などで、社会人に向けての講座がいろいろなかたちで開催されているのは、

「人生100年時代構想」の一環でもあるわけです。

それはともかく、「学ぶ」というのは、未知の世界に踏み出す一歩であり、未知の人と知り合う絶好の機会といえるでしょう。

70歳からの人生の楽しみ方としては、これをしないでは成立しないといってもいいほどです。

社会人講座や通信講座、講演会やセミナーなど、いまは、その気になれば「学べないものはない」というほど、さまざまな講座が開催されています。

たとえば生涯学習ユーキャンでは、「ユーキャン大人クラス」として、次のような講座が案内されています（2019年6月現在）。

- □ 大人の学び直し日本史
- □ 漢字検定
- □ 着物のリフォーム

□　認知症介助士
□　愛犬飼育スペシャリスト
□　薬膳コーディネーター
□　マンション管理士

趣味や教養の世界を広げるものもあれば、資格を取得して開業すれば、仕事になりそうなものもあります。じっさいの自分の生活で、すぐに役に立ちそうなものもあります。

これまでの仕事や、育児、介護の経験を生かして「学び直し」をするというのもいいでしょう。その場合には、資格も取りやすいのではないでしょうか。

一方で、これまではまったく縁がなかったことにチャレンジするのもいいかもしれません。

それこそ、新たな世界へ、あなたを誘ってくれるでしょう。

「期待されない自由」を楽しんでいこう

新たな世界に一歩を踏み出しても、必ずしもうまくいくとはいえません。英会話を身につけたいと思って、教室に通ってみたものの、結局はついていけず、挫折《ざせつ》してしまった、というような人もいるかもしれません。

私も自分で文章塾などの講座を開催していますが、途中から来なくなってしまう人もいます。仕事が忙しくなったり、家族のことで時間が取れなくなったり、ということもありますが、思うように自分が上達できないときには、やはり、つい休みがちになるということはあるのだと思います。

70歳から学び直しをするというときに心得ておきたいのは、「うまくいかなくても気にしない」ということです。

講座には、いろいろな人が参加します。

10代、20代の人たちと一緒に受講するということもあるでしょう。

そのときに、「自分だけが遅れている」「自分だけができていない」と落ち込むことがあるかもしれません。

でも、そんなことは当然のこと、というくらいに考えましょう。

講座を主催している人間としてお話しするなら、受講生のレベルというのはそれぞれです。1人くらい遅れている人がいても、講座そのものに支障が出るようなことはありません。

ましてや、その人が「70歳」より上の人だとしたら、大目に見られることはあっても、厳しく叱責されるようなことはないでしょう。

「70歳」という年齢を迎えて楽なことは、語弊《ごへい》を恐れずにいえば、「期待されていない」という点です。

ところで、60歳は「還暦」、70歳は「古希《こき》」です。「古希」とは、中国の唐時代の詩人、杜甫《とほ》が、「人生七十古来希《まれ》なり」と詠《よ》んだ詩の一節に由来しています。

還暦は、いまでは長寿というには若すぎて、本格的な長寿のお祝いは古希から、ともいわれるようです。それでも、平均寿命よりもまだまだ遙《はる》かに若いわけですから、その年になってみれば、「年寄り扱いされては困る」というのは、これまで本書で書いてきた通りです。

それでも、「古来、希なり」の70歳ですから、もうそれだけで十分な存在感があるのです。言葉を換えるなら、誰に遠慮もいりません。

スマホがうまく使えなかったり、他の人より変換が少し時間がかかったりしても、当然のこととして、まわりの人たちも時間を流してくれるでしょう。

そういう意味では、年を取るというのは悪いことではありません。「期待されない」というのは、それだけ自由に、のびのびと振る舞えるということです。

成績で一番を取らなくても、年長者というだけで、別の意味での一番を取ることができるわけです。

いまの私は88歳ですから、たいていの場所で、最高齢者になります。慣れないうちは、そんなポジションに気恥ずかしい思いもしましたが、いまは最高齢者としての役割を果たせるようになってきました。

「最高齢者」の役割とは、堂々としていることです。

威張るということではありません。

品格を持って、人と接することです。仮に名刺を交換するとしたら、先に出すのではなく、相手から名刺を受け取ってから出すことです。

そうして学べば、遅れながらも、自分の新しい教養やスキルとして、活用していけるでしょう。

自分のそれまでの世界とは違う人たちとつながることで、新たな情報や知識も入ってくるはずです。それこそが、学び直しのもう1つの効果であり、いくつになっても、社会に貢献できる自分づくりの基礎になるものだと思います。

第3章

「使えるお金」「使わないお金」を使い分ける

いざというときのお金は本当に必要か

「まだまだ年寄りになりたくない」と思っても、老後は間違いなく、1日1日と迫ってきます。再雇用制度で定年が延びたとはいっても、すでに年金だけの生活という人も多いでしょう。

いまも働いている人でも、70歳で、50代の頃と同じ収入を得ているという人はほとんどいないのが現実です。

そこで、生活は切り詰め、いざというときのために貯金しておこう、となるわけですが、ここであらためて「いざというとき」について考えてみましょう。

老後の「いざというとき」で、1番に思いつくのは、自分もしくは配偶者が病気になったときでしょう。

その際の医療費、介護費の負担が心配で、保険に入っているという人も多いでしょう。じっさい、保険によって助けられたということは、私のまわりや私自身のことでも経験があります。

保険と一口にいっても、国や自治体などの政府機関によって運営されている社会保険（健康保険）と、民間の保険会社で運営されているものがあります。後者の場合には、加入している保険によって、保障内容は変わります。

健康保険では、収入によって、現状、自己負担額は1割から最大3割となっていますが、病気やケガで入院費用や治療費が高額となった場合には、「高額療養費および医療費限度額適用認定証制度」という公的制度もあります。

こうした制度や保険を利用することで、いざというときが来ても、じっさいの支出は「それほどかからなかった」ということがあります。

ここで伝えたいのは、「いざというとき」というのを漠然としたイメージだけでとらえない、ということです。

イメージだけでは、どんどん不足額が膨《ふく》らんで、老後の蓄えはいくらあっても足りない、ということになってしまいます。

もちろん、蓄えは多いことに越したことはありませんが、必要以上に「貯める」ことを意識してしまうと、お金を使うことに消極的になります。

そうなると、楽しめることも楽しめない、ということになってしまうのではないかと思うのです。

老後の「いざというとき」には、「死んだとき」というのもあるでしょう。

そのときに、子どもや親戚に迷惑をかけないために貯蓄しているという人もいるはずです。または、すでに、死んだあとのことを考えて、お墓を用意している人もいるかもしれません。

そうした備えは大切なことかもしれませんが、自分のことでいえば、墓石を使ったお墓はいらないと思っています。マンション式のお墓で十分です。

少なくとも、そのためにお金を使うなら、いまを楽しむことに使ったほうがいいと考えています。

「いざというとき」などというのは、どんな人にも起こりうることです。

老後だから、その確率が高くなるということは、私はないと思っています。

たしかに認知症になる率は、50歳より、80歳のほうが高いかもしれませんが、80歳を過ぎても、認知症にならない人のほうが多いのです。

そうだとしたら、いざというときのためのお金を確保しておくことに、本当に意味があるのでしょうか。新聞に出ているから必要というのでは、意味がありません。自分自身はどうなのか？　が重要なのです。

70歳を過ぎれば、収入は減って、使えるお金は限られたものになります。

人生１００年と考えると、それまでお金が続くのかということに不安になりますが、だからこそ、使えるお金、使わなくてもいいお金を考えておく必要があるように思います。

あなたは、いまのお金を、どんなふうに使っていきますか？

税金のことも、ちゃんと勉強しておこう

働いても収入は増えず、年金も当てにならない――となると、70歳になっても、少しもよいことがないように思えるかもしれません。けれども税金については、65歳以上になると控除額が増え、所得税が免除されることがあります。

２０１８年12月のデータによれば、老齢厚生年金（65歳以上）の月額受給額の平均は、およそ１人あたり14万５千円となっています。

収入が公的年金のみの人で、65歳以上の場合は、受給額が１５８万円以下の場合、所得税を払う必要がありません。

１５８万円を超えた場合には、超えた分に所得税がかかり、源泉徴収が行われ

ます。年金が振り込まれる際に、源泉税が天引きされるかたちになっています。ただし、その場合、日本年金機構より「公的年金等の受給者の扶養親族等申告書」の提出が求められます。それを提出することにより、控除を受けられることもあるようです。

住民税についても同様で、収入と控除額のバランスで、非課税になることもあります。

いずれにしても、65歳未満、65歳以上で、その控除額が変わります。

65歳以上が優遇されているというのは、いうまでもありません。

年金受給者は、年金以外の収入が20万円以下の場合には、確定申告を免除されていますが、医療費控除などによって、確定申告で納めた税金が戻ることもあります。

税金のこととなると、ややこしく考えてしまって投げてしまいたくなりますが、知らないことで損をしてしまうこともないとも限りません。

それこそ、新たな勉強の機会をもらったと思って、ここであらためて、税金について調べてみるのもよいでしょう。

税金には、所得税、住民税の他に、相続税もあります。

税務に関することは、プロの税理士に頼めれば楽ですが、その分、費用もかかります。

私の知り合いの女性は、ご主人が亡くなったときに、その相続税に関することは、すべて自分で手続きされました。税金に関する知識はゼロだったそうですが、本を読んだり、直接、税務署に聞きに行ったりしたようです。

「おかげで、悲しんでいるヒマもありませんでした」

といっていましたが、そういう乗り越え方もあるのかもしれません。

彼女のように、税務署の相談窓口を利用するというのは、間違いがない方法ともいえます。

「税務署に相談に行ったら、税金を高く取られてしまうんじゃないか」という心配もあるかもしれませんが、あくまでも相談ですから、いろいろ教えてもらって、その上で自分で判断していけばいいのではないでしょうか。

税金の勉強をすることは、自分の死後について考える、いい機会ともいえます。将来、財産分与はどのようにするのがいいのか。それを考えると、いまのお金の使い方も見えてくるかもしれません。

あとでトラブルを招かないよう、遺言書を用意する、というのもいいでしょう。「それほどの財産なんてありません」という人も、見直してみることです。

たとえば財産は持ち家だけという場合、相続税を払うために、その持ち家を処分したり、そのために借金をしなければならない、という羽目になることもあるのです。

70歳を過ぎたら、お金のトラブルに巻き込まれない、招かないように注意することです。そのための勉強はとても大切です。

「お金を使ってもいいもの」リストをつくる

老後のことを考えると、できるだけお金は使いたくないと考える人もいるかもしれませんが、70歳を過ぎたら、すでに「老後」の生活はスタートしていると考えましょう。

それだけ年を取ってしまった、ということではありません。

むしろ、その反対で、いまこそ人生を楽しみましょう、という意味です。

88歳になった私は、その年齢を口にするだけで、「おー（素晴らしい）」とか「えー（信じられない）」という声がどよめくほど（カッコ内は個人的観測です）、実年齢よりも遙かに若いと自負しています。

それでも、70歳の頃に比べれば、体力が落ちていることは否定できません。

70歳のときであればラクラクできたことが、少しつらくなってきたということがあるからです。

時代は「100年ライフ」で、いま現在、100歳という人の中には、それこそ信じられない若さで、毎日を楽しんでいる人もいます。

でも、自分もそうなるかどうかの保証はないでしょう。

100歳になって、大きな病気やケガをしていなくても、いまと同じであるとは限らないわけです。そうだとしたら、いまのうちに、できることはやっておくほうが得ではありませんか。

将来の老後に備えるよりも、いまの自分にお金を使うほうが、人生は楽しいと思うのです。

旅行する、家族と過ごす、仲間と楽しむ、おしゃれをする、趣味に没頭する……など、いまできることは、いましておきましょう。

そして、それにかかるお金はケチらないことです。

時間や経験は、あとからでは買えません。

私は82歳のときに、ビジネスパートナーの岡村季子さんとともに、きずな出版を起ち上げました。

出版界というのは、新しい会社は、それほど多くありません。それだけ、一出版社として認められるまで時間がかかるということですが、岡村さんは、「この会社は、普通の倍速で成功させたい」と社員たちにいっています。

彼女がそんなことをいうのは、私の年齢を考えてのことでしょう。

「先生が１００歳までお元気なのはわかっていますが、それでも成功するのは、1年でも早いほうがいいですよね？」

と笑っていますが、それはもちろん、その通りです。

人生を楽しみたい、でも、それには誰にも期限があることを忘れないことも大切です。時間に限りがあるように、お金にも限りがあります。

自分は何にお金を使っていくのか、ということを決めて楽しんでいきましょう。

【お金を使ってもいいものリスト】

あなたが人生で優先したいことに、お金を使っていきましょう。
左の□の下に、優先したいことを書き込んでいきましょう。

□ 例、学生時代の仲間と旅行　□

□　□

□　□

□　□

□　□

□　□

□　□

□　□

人のために使うお金をケチらない

「社用族」という言葉を聞いたことがありますか?

社費で飲み食いする人たちのことで、1950年代によく使われました。

太宰治の小説『斜陽』(1947年)は没落した上流階級の人々を描いたものですが、そこから没落階級を示す「斜陽族」という流行語が誕生しました。それをもじって生まれたのが「社用族」です。

高度成長期を経て、バブルの時代には、毎夜、飲み歩く人たちが繁華街にあふれていましたが、会社の経費をいくらでも使えたという時代で、70代に入った団塊の世代では、その恩恵に与《あずか》れたという人も少なくないかもしれません。

当時は、上司は部下に、先輩は後輩に、男は女性にごちそうするのが当たり前でした。

ところが長い不況が続いて、経費は認められにくくなり、上司に部下をおごってやれる余裕はありません。

生まれたときから不況の中で育ってきた若い世代は、デートも割り勘、ホテル代さえ2人で折半する、というのは、私の世代からすると理解できないことです。

けれども見方を変えれば、昔なら女性とのデートで散財しなければならなかった分を、自分に使うことができるというのは、男にとっては有り難い話です。

若い人たちと飲みに行っても、年長者は自分の分だけを払えばいいというのは、気が楽です。

けれども、本当にそれでいいのか、と思うことがあります。

私は、相手に得を取らせることが人脈につながると考えています。

相手に得を取らせるとは、自分が損をするということです。それが負担になるようでは困りますが、利益が少し減るくらいのことであれば、喜んで私は損をします。

それが、年長者としての自分ができる「貢献」と考えるからです。

よくしたもので、得した相手は、その得を別のかたちで返してくれるものです。もしも返ってこない場合は、それだけの人間だった、というだけです。

ランチくらいで恩を着せることはできませんが、それくらいのこともできないで、人脈をつくっていくことはできません。

昔の作家は、編集者をよく食事やクラブに誘ったものです。私も編集長になるまでは、たくさんの先生方からごちそうになりました。編集長になったら、こんどはこちらがごちそうする番です。そんな暗黙のルールがあったのです。

お金の使い方で大事なのは、ケチになりすぎないことです。

「情けは人のためならず」で、人のために使うお金もまた、「人のためならず」であることを覚えておきましょう。

自分のスキル・教養をアウトプットして稼ぐ道もある

前の章で教養を身につけることが大切だと書きましたが、そうして身につけた教養をアウトプットして、お金に換えることも、いまの時代では可能です。

拙著『劇場化社会』（きずな出版）の「はじめに」で、私は次のように書きました。

「インターネットの発達により、個人が気軽に情報発信をできるようになり、ファンやコミュニティをつくってそこで稼ぐことができるようになったのです。つまり、誰もが社会の中にある舞台に登り、主役になれる時代です。」

どうでしょう。あなたも舞台に登ってみませんか？

「70歳の自分に、そんなことはできない」と思うかもしれません。

けれども、70歳だからこそ、舞台に立てるということもあります。

名演出家として名を馳せた蜷川《にながわ》幸雄は、2006年、71歳のときに、55歳以上の劇団員からなる演劇集団「さいたまゴールド・シアター」を設立しました。そのホームページによれば、「年齢を重ねた人々が、その個人史をベースに、身体表現という方法によって新しい自分に出会う場を提供する」ために始まったということです。2016年に蜷川は80歳で亡くなりましたが、2019年4月現在、68歳から93歳までの36名の劇団員が活動を続けています。

これはまさに演劇の舞台ですが、人生の舞台でいうなら、いま健康であるなら、どうしてその健康を維持してきたのか。舞台に上がって、自分の実体験を語ることもできます。1つの業界で定年まで全《まっと》うしたのであれば、その仕事から得たことを舞台上から教える、ということもできます。

私のことでいえば、大学を卒業して、出版社に就職したのは22歳のときです。最初は文芸誌の編集者として、次に週刊誌の編集長として、独立してからは著者として、そしていまは出版社の社長として、なんと66年にもわたる年月を、出版の世界に関わることになりました。

いま私は、本を書きたい人たちのための講座を開いたり、オンラインサロンを主宰したりしていますが、こうしたことができているのは、これまでの経験の賜物です。

「櫻井さんは恵まれているんですよ」といわれてしまえば、それまでですが、本音をいうなら、恵まれているのではなく、恵まれるように生きてきたのです。

私の人生を大きく変えたのは、会社を辞めて、独立したことではなかったかと思います。それをしなければ、自分の名前で、いまのような執筆活動はしていなかったと思います。

独立したことで、舞台に立つ覚悟をしたわけです。

前に出る、というのは怖いものです。どんな非難を浴びるかわかりません。

自分の名前と顔を出して仕事をしている人には、たとえそれがペンネームであったとしても、それだけの覚悟を持っているのです。

舞台に立つには、それだけの覚悟が必要だともいえますが、あなたが70歳になろうとしているのであれば、いまこそチャンスです。

舞台に立つといっても、最初から大舞台をめざす必要はありません。

自分が経験したこと、勉強したことをシェアする感覚で、「小さな勉強会」を開いてみてはいかがでしょうか。

参加費は、最初は珈琲代だけでもいいではありませんか。

そこから始めて、「講師」の修業をしていくわけです。

教師の経験や、職場などでリーダーをしていた経験がある人は、最初から違和感なく進められるかもしれませんが、たとえ、うまくいかなくても、それに落ち込むことなく、次につなげていきましょう。

自分が主役になるのではなく、読書会など、同好会のようなものを開くのもいいでしょう。

「どうやって人を集めたらいいのか」ということなど、わからないことは、スマホやウエブで検索してみましょう。あるいは、セミナーや講演会を主催している人たちと知り合って、教えてもらうのです。

そのためにFacebookなどのSNSがある、といってもいいほどです。スマホもウエブも苦手だという人は、それについて教えてもらう会を企画してはどうでしょうか。若い人から教えを受けるというのも新鮮です。

人生100年時代を考えたら、まだ70歳の人が、「スマホもできない」「ウエブもわからない」ではすまないと思うのです。

10年後には、自分にとって大事な収入源になる可能性があります。

そうなるように、自分のスキル・教養をアウトプットしながら、コミュニティをつくっていくことが、80歳になったときのあなたの精神面と経済面を支える土台になるかもしれません。

お金に制限されない人生を選ぼう

何か始めようと思っても、お金がかかると思うと躊躇《ちゅうちょ》してしまうことはあるでしょう。そして、それがそのままになっても、毎日はさほど変わりがないということもいえます。

「何もしない」というのは、「何も変わらない」と同じだ、と思われるかもしれませんが、実際は大違いです。

「何か」をしていれば、その後に思いもかけない成功が待っていたかもしれないのです。そう考えると、「何もしない」ことによって、その成功の機会は奪われた、ともいえるわけです。

「お金さえあればなんでもできるのに」

人生で、そう思ったことは1度や2度ではない、というのが普通ではないでしょうか。

でも、もしも本当に、お金があったらどうしていたでしょうか。

どんな成功者にも、転機のときというのがあります。

「あのとき、あれをしていなかったら、いまの成功はなかっただろう」と、のちに話すような事がらです。

そして、そんなときというのは、案外、お金は二の次になっていることが少なくありません。

私のことをふり返っても、「お金さえあればできるのに」というようなことは、じつは、「お金があってもしない」のです。

「とにかく始めよう」「とにかく行ってみよう」というときには、お金はなんとかなるものです。

お金に制限されない生き方を選択していきましょう。

大切なのは、自分が、それにどれだけの情熱を向けられるか、ということです。情熱というのは、年を重ねるほどに燃えにくくなっていきます。それこそが老化だと思うのですが、自然現象ともいえるもので、仕方のないことかもしれません。だから、「何か始めよう」と思っても、案外、そのことに固執《こしゅう》しないでいられるのです。

そうだとすれば、「お金がないからできない」ということの3回に1回は、思いきって、お金を使ってみてはどうでしょうか。

思いがけない未来の扉が開いていくかもしれません。

お金は大切です。ことに、人生100年時代を生き抜くには、いい加減な使い方をしていたのでは、お金はいくらあっても足りません。

使うべきお金と、使わないお金を意識して、人生がより楽しくなるように工夫していきましょう。

第4章

「病気をしたとき」「ケガをしたとき」を覚悟しておく

不慮の事故は誰にも起こる可能性がある

どんなに健康に気をつけていても、ある日突然、「その日」に見舞われることがあります。

私が自宅の階段で足を滑《すべ》らせたのは、いまから3年くらい前になります。階下に降りたとき、あと1段というところで、それこそ世の中がひっくり返ったような錯覚に襲われました。

気づいたときには、床に尻をつき、階段の上に仰向けになっていましたが、背中が痛くて、起き上がることができません。家族は旅行中で、明日にならなければ帰ってこないのです。

肌身離さず、自分とは一心同体のように持ち歩いているケータイは、数メートル先に転がっています。

でも、ちょっと動いただけで激痛が走るのです。

正直なところ、人生はこれで終わったと思いました。さすがに、このまま死んでしまうとは思いませんでしたが、80歳をとっくに過ぎているのです。

このまま動けなくなる可能性もないとはいえません。

とにかく誰かに助けてもらおうと、指を1センチ刻みで動かして、たった数メートルのところにあるケータイに、30分かけてたどり着きました。

ようやく電話がつながったときには、心底ホッとしました。

あとで病院に行き、背骨の1つが圧迫骨折していたことがわかるのですが、そのために私は3週間、入院生活を送ることになるのです。

子どもの頃は比較的、からだが弱かった私ですが、大人になってからは、中年になっても病気らしい病気をすることもありませんでした。

入院生活の最初の1週間は起き上がることもできず、このまま寝たきりになってしまうのではないかと心配しましたが、背中を固定するコルセットができてからは、リハビリが始まり、みるみる回復していきました。

たった3年前のことですが、もっと昔のことのようで、後遺症のようなものもありません。我ながらラッキーだったと思っています。

それにしても、人生は何が起こるかわかりません。

足を踏み外したのは、一瞬の出来事ですが、それが命取りになることも十分にあったわけです。

なまじ自分は若いと思っているところが、油断を招くと反省しました。

当時の私と比べても、この本の読者の皆さんは、ずっと若いはずです。

それでも、いつケガをしたり病気になったりしないとも限りません。

ある日突然、そんなことになっても慌てず、落ち込みすぎずに、対処できるようにしておきたいものです。

病気をしたとき、ケガをしたときの心構え

前で書いた話をもう少し続けましょう。

私の圧迫骨折は、じつは骨折としては、とても軽いものだったのです。もしも私の年齢が40歳であったなら、入院どころか、その日のうちに歩いて帰れるほどだったようです。

それでいったんは、近くの整骨院で診察を受けたあと、じっさいに歩いて帰ったのです。病院ではなく整骨院に行ったのは、そのことを大げさにしたくないという気持ちがどこかにあったと思います。

駆けつけてくれた岡村さんが救急車を呼ぶというのを、必死で止めて、近くの整骨院まで歩いていってみせたわけです。

夜には家族も急遽《きゅうきょ》、帰ってきてくれて、やれやれで終わるはずでした。

ところが翌日、痛みは収まるどころか、もうじっとしてはいられないほどになってしまったのです。整骨院で受けたマッサージが、骨折した箇所を刺激してしまった、ということはのちにわかるのですが、そのときは、何か別に、まずいことが起きているのでは、と不安でいっぱいになりました。

そして、ついに、救急車のお世話になったのです。

救急車を呼ぶというのは、案外、勇気がいるものです。

倒れたり血が出たりしているなら、その必要性は一目瞭然ですが、「こんなことで呼んでいいのか」と迷うこともあります。

最近では、それほどのことではないのに救急車を呼ぶ人が増えている、というようなニュースもあります。

そうしたときのために、東京消防庁では「救急相談センター」（♯7119）を2009年より設置しています。24時間年中無休で、電話でもネットでも、相談医療チーム（医師、看護師、救急隊経験者等の職員）が対応してくれるそうです。いまでは東京だけでなく、他の地域にも広がっています。

私の場合は、知り合いの医師に相談して、救急車を呼ぶことになりました。救急車で運ばれると、すぐに全身の検査が始まります。

私などは骨折だとわかっていても、それこそ脳から、心臓から、あらゆる検査がなされました。医師の説明によれば、命に別状がある可能性の高いところから調べていくのだそうです。それで、悪いところはどこなのか、他に悪いところはないかを診ていくわけです。

私の場合は、圧迫骨折以外は頭も内臓も悪いところは見つかりませんでした。ひどく痛かったのは、骨折したところが炎症を起こして、周囲に筋肉痛をもたらしたため、だったのです。

本来であれば、入院の必要なしとなりますが、高齢であることから、なんとか入院させてもらうことになりました。

私がそのまま自宅に戻れば、家族の負担が大きいと考えたためです。たいしたことのない骨折でも、痛みはなかなか収まらず、私は食欲もなく、起き上がることもできませんでした。そんな私の面倒を見るのは、家族であっても大変です。面倒を見ているほうが倒れてしまう、ということもあると思いました。自分がケガをしたり病気になったりしたとき、それを治すことが1番ですが、老老介護で共倒れとなっては、元も子もありません。

家族に負担がかかりすぎないように考えることも、70歳を過ぎたら必要だと思います。

また、担当医の他に、相談できる人がいるというのも心強いものです。別の言い方をすれば、入院中や診察時には、気になることがあれば、医師や看護師になんでも質問してみることです。私の経験では、親身に答えてくれるように思います。

数日間は寝たきりだったので、何もかも、看護師さんにお世話になりました。そのことで落ち込むことがないとはいえませんが、「病気なのだから仕方がない」「ケガをしたのだから仕方がない」と開き直ることも必要です。

世話をしてくれる人に感謝はしても、そのことで卑屈になったりしないように気をつけましょう。

自分ではなく、家族が患者となったときには、とにかく患者の気持ち優先で、その場を対処していきましょう。

入院生活で痛感したのは、看護師というのは、本当に大変な仕事です。肉体的にキツいということもありますが、患者というのは、当たり前ですが元気な状態ではありません。そういう人を励まそうと、明るく振る舞う看護師さんたちには、本当に頭が下がる思いでした。

万が一の事態に見舞われたら覚悟を決める

男女とも寿命が延びたといっても、それはあくまでも平均です。いつ、余命宣告を受けないとも限りません。

そのときにどうするか。どうなるか。

正直なところ、私でも、取り乱してしまうのではないか。ジタバタせずにいられるか自信がありません。

いまの生活が楽しければ楽しいほど、この世に未練が残ります。

自分がいなくなっても、家族も社員も困ることがないようにしておかなければならない。それだけが、自分が死ぬまでにしておきたいことです。

死ぬと決めたら、いや、自分でそれを決めなくても、いつかは必ず、その日はやって来ます。

70歳を過ぎたら、その覚悟をしておきましょう。

自分の死は覚悟できても、パートナーの死は受け入れがたいものがあります。

できれば、お互いが元気なうちに、「万が一」のときにはどうしたいと思っているかを話しておくことは大切です。

長年一緒に暮らしていても、案外、知らないことは多いのです。

「相手は絶対にこう考えているはず」と思っていても、そうとは限りません。

以前はそう考えていても、考えが変わるということはあるからです。

たとえば、がんが見つかったとき。

余命が宣告されたとき。

どんな治療を望むのか。あるいは望まないのか。

誰に知らせるのか。知らせないのか。

最後の日は、どんなふうに迎えたいのか。

葬儀は、どうするか。

お骨はどうするか。

お墓はどうするか。

そういったことを、パートナーと話しておきましょう。

私も妻と話し合っていますが、ビジネスパートナー岡村さんにも、葬儀については、じつはいろいろお願いしています。

私の葬儀では、1枚の書を掲げてもらうことにしています。

その書は、次のように書かれています。


「では　お先に」

これは、赤穂浪士の総帥《そうすい》、大石内蔵助《おおいしくらのすけ》が、吉良《きら》邸討ち入りの裁きの結果、切腹する日の当日、同志たちに別れを告げた言葉で、書家の矢萩春恵《しゅんけい》先生が揮毫《きごう》したものです。

この書を手に入れたのは、それこそ70代のときでしたが、自分の葬儀に掲げるために購入を決めたのでした。

お骨の一部はチベットの高僧、リンポチェ様に渡してもらい、1万人にもなるお弟子の僧侶たちに、毎朝お経を唱えていただくのが、私のいまからの願いです。

勝手な妄想ともいえるものですが、そんなふうな話をすることで、私自身も、私の周囲の人たちも、少しずつ、心の準備ができるのではないかと思うのです。

それに、どんなことでも予定を立てるのは楽しいものです。

最近では、生前葬をする人もいるそうですが、「あの世はここにありますよ」と、私の目の前を指さした東大名誉教授の矢作直樹先生の言葉を信じれば、それを体験するのも楽しみ、というふうにも思っています。

自分にも人にもケガをさせないためにできること

高齢者の運転による交通事故があとを絶たない。被害者のことを思うと、運転者側の過失というだけですむ話ではないでしょう。

私は運命学を専門としているので、事故を起こし、加害者となった人たちの運命を考えずにはいられません。

なぜ、こんな事態を招いてしまったのか。どんなに後悔しても、取り返しがつかないことに、打ちひしがれていることでしょう。

運命とは、こんなにも簡単に、崩れてしまうことがあるのです。

昨日までは思いもしなかった晩年が、待ち受けていないとも限りません。

私たちは、誰でも、加害者になりうるということを覚えておきましょう。

私は75歳で、きっぱり自分で運転することをやめました。

その日、思いきって自分で牛込警察署に行き、運転免許を返納したのですが、それからしばらくのあいだは、車のキーを見ないようにしていました。それでも大都会はタクシーがいくらでも走っています。

じっさい、運転ができなくなると困るという環境の人も多いと思います。

東京にいると、自分で運転しなければならない必要性は感じませんが、地方であれば、そうはいかないこともあるでしょう。

東京にいても、自分の車で移動しなければならないということも、ないとは限りません。それぞれに事情はあるはずです。

それでも、事故を起こして、被害者を出してしまっては、事情も何も、理由にはならないわけです。

70歳という年齢を迎えて、戒めなければならないのは、自分に対する過剰な自信です。

自分だけは大丈夫だという驕《おご》りが、一瞬で、あなたの運命をどん底に突き落とすのです。

自信過剰も驕りも、運転だけに限ったものではありません。

自分の若さに自信を持つのは悪いことではありませんが、だからといって体力や能力が、昔のまま、少しも変わっていないと思っているとしたら、それこそ驕りであり、勘違いです。

それに、そんなところで張り合わなくても、70歳になったことで、あなたには別の能力が身についているはずです。

免許返納は、高齢者の義務となっていくでしょう。

若々しさは、別の面でアピールできます。

年齢がいくつであろうと、他者を危険な目に遭わせるようなことは避けなければなりません。

病気やケガをしても人生は終わると限らない

「がんになったら人生はおしまいだ」

そんなふうに思って、心を痛めている人もいるかもしれません。

病気やケガをすると、弱気になります。

自分の寿命が来たと思って、「病気の自分」を受け入れてしまうのです。

病院というのは不思議なところで、たとえ検査入院でも、何日かいると病人らしくなってしまうところがあります。かつての私の上司は、人間ドックから出てきて間もなく亡くなりました。75歳でした。

病は気から、といえるほど簡単ではありませんが、いまの時代、がんになっても完治して、そのあとの人生を楽しんでいる人は多いのです。

人生は「もう終わった」と思ったところで終わってしまいます。

いや、もしかしたら、自分では「終わった」と思っても、終わりにできないのが人生ともいえるかもしれません。

ティーリーフ・リーディング（紅茶占い）を行い、チベット密教の高僧、ザ・チョジェ・リンポチェの活動を支援している福田典子さんは、60歳になったばかりのときに、子宮がんと子宮頸がんにかかっていることがわかりました。

『チベット聖者の教え』（フォレスト出版）によれば、医師からは「このままでは余命3ヶ月です」といわれたそうです。

すぐに手術をしましたが、まだ取り切れていないということで、抗がん剤治療が始まりました。

抗がん剤の治療は半年間続き、髪の毛も抜けてしまったそうですが、それから8年あまり、いまの福田さんは「余命3ヶ月」と宣告された人とは思えないくらい、日本全国はもとより、世界のあちこちで積極的に活動しています。

リンポチェ様のご加護の賜物と私は信じていますが、余命を宣告されても「ま、いいか」と思ったと福田さんは、その著書に書いています。その明るさが、福田さんの命を強くしたのかもしれません。

人生の終わりを決めるのは、神のみぞ知る、ということで、自分の命といえども、自由に終わったり、始めたりすることはできないのでしょう。

どんな試練が待っているかはわかりませんが、乗り越えられない壁はない、ともいいます。

からだが思うように動かなくなると、気力が衰えて、うつ病を引き起こすこともあります。

うつ病は年齢に関係なく、いまや15人に1人が、一生のうちに1度はかかる可能性があるといわれています。

高齢者のうつ病は、身近な人との死別、環境の変化があった場合にも発症します。また、鎮痛薬や抗がん剤、ステロイド剤、血圧降下薬を服用することで、うつ病を誘発することもあります。

70歳を過ぎたら、悲観的になりすぎないことだと、私は思います。

悲観的になったとしても、どうして悲観的になってしまうのかと考えてみることです。

悲しいことがあったら、悲しくなるのは当然のことです。

それをなかったように振る舞うのは、無理があります。

悲観的になっている自分を受けとめることで、悲観的になりすぎるのをくい止めるのです。

第5章

「恋愛」「セックス」を人生から閉め出さない

老《お》いらくの恋は恐るるものなし、でいこう

「老いらくの恋」と聞いて、どんな恋物語を想像するでしょうか。
じつは、これは実際の恋愛を詠んだものなのです。

若き日の恋は　はにかみて　おもて赤らめ
壮子時《おさかり》の　四十路《よそじ》の恋は　世の中に
かれこれ心配《こころくば》れども
墓場に近き老いらくの　恋は怖るる何ものもなし

右の歌は、昭和23（１９４８）年、歌人、川田順が68歳のときに詠んだもので

すが、当時、川田は、皇太子殿下（現、上皇陛下）の作歌指導や歌会始の選者を務めていました。

川田順の経歴を紹介すれば、明治15（1882）年の東京生まれ。東京帝国大学（現、東京大学）を出たあと、住友総本社に就職し、常務にまでなっています。歌人で国文学者の佐佐木信綱の門下に入り、昭和17（1942）年に、歌集『鷲』『国初聖蹟歌』で第1回帝国芸術院賞を受賞しています。

いわば、エリート中のエリート、という経歴です。

57歳のときに妻を脳溢血で亡くし、その5年後、知人の妻で、歌人の鈴鹿《すずか》俊子（当時35歳）の作歌指導にあたることになりました。

この俊子こそ、川田の「老いらくの恋」の相手なのです。

2人の関係は、不倫関係に発展し、俊子の夫も知るところとなります。

川田は俊子の夫に別れを誓いますが、結局、関係は断ち切れず、俊子は昭和23年8月に離婚しました。

これでメデタシメデタシとなってもよさそうですが、川田は自責の念に苛《さいな》まれて、同年11月30日に家出をして、翌日、自殺をはかります。

そのときに、谷崎潤一郎など友人たちに遺書を、新聞社には告白録を送っていたところから、自殺未遂の顛末《てんまつ》が報道され、俊子との交際が公になって、「老いらくの恋」として騒がれることになるわけです。

いまの時代ならまだしも、当時のことです。まだ中国や南方から、戦いに敗れた日本兵が続々と帰国していた時期でした。

68歳の川田が、27歳下の、それも知人の妻と関係を持つなど、とんでもないスキャンダルでした。けれども、昭和24（1949）年、川田と俊子は再婚します。

老いらくの恋は、実ったわけです。

川田は1966年、84歳で、俊子は98歳（2008年）で亡くなりました。

2人とも生涯現役といっていいほど、晩年まで歌人として活躍しました。

これぞ、恋する力のなせる業《わざ》というところでしょうか。

ちなみに、川田が家出をした11月30日を「シルバーラブの日」というそうです。70歳にもなれば、墓場に行く日も近くなり、おだやかな日常を過ごすことができるでしょう。けれども、そんな日常だからこそ、恋をしてしまうこともあるのではないでしょうか。

私は週刊誌の編集長時代、部下に、川田俊子を取材させたことがあるのですが、写真も語りも、じつに若々しかったことを記憶しています。

恋愛とは、非日常です。

まったく予期していなかったからこそ、それに心奪われてしまうことがあります。

あなたにも、川田と俊子のような出会いがないとは、決していいきれないのではないでしょうか。

自分で「できない」と決めつけない

「性欲はいつまであるか」

ということについて、あるデータによれば、男性は70歳代までは90パーセントの人が「性的欲求」を維持し続けています。

ただし、セックスの頻度となると、60歳以降は低下が著しく、60代夫婦の場合は、平均して月に1回というデータがありました。

女性は、閉経とともに性欲が減退し、それとともにセックスをやめてしまうことも多いようです。

もちろん男女ともに、70歳を過ぎても、性的欲求もあり、セックスを楽しんでいる人もいます。

どちらがダメで、どちらがよいということはありません。

セックスも恋愛も、したいと思えば、それを我慢することはないし、したくないと思えば、無理をする必要はないわけです。

ただ、もったいないと思うのは、「もうできない」と決めてしまうことです。70歳になっても、恋愛もセックスもできます。

「できたとしても、相手がいない」という人もいるでしょう。

じっさい、女性がセックスをやめてしまう最大の理由は、配偶者が亡くなってしまったから、ということのようです。

恋愛の場はいくらでもあるというのは本当ですが、恋愛やセックスから遠のいてしまうと、なかなか、そうした機会に気づきにくくなってしまうのです。

本書では、自分の世界をいかに広げていくかが大切だと書いてきましたが、世界が広がれば、出会いのチャンスも増えます。

一緒に食事をしたり、飲みに行ったりする機会があれば、ぜひ試してみましょう。そうして、相手との距離が50センチ以内に縮まっても、感情的にイヤでなければ、セックスの相性は悪くないかもしれません。

相性というのは理屈ではなく、いいなと思っていた人でも、相性が悪いと、近くにいることが居心地が悪くなるものです。

電車などで、横に座ったときにお互いが寄り添えるようならば、あなたから、誘ってみてはどうでしょうか。

「そんなことをしたら、遊んでいると思われませんか？」

と聞いてきた女性は、70代です。

20代のときにはできなかったことが、いまの年になれば、できることも増えます。

男は、大人の女性から誘われても、「この女性は遊んでいる」などとは思わないものです。よしんば、思われたとしても、そんな女性は大歓迎です。

お互いに大人であれば、きっとうまくいくはずです。

けれども、いざ、その段になったら、男性のほうが役に立たないということがあります。

性的欲求はあっても、セックスをするのが久しぶりだったりした場合には、うまくいかないこともあるのです。

そのときには、1つになるのは次回に持ち越して、お互いをふれ合うだけでもいいでしょう。そんなときに、女性から「一緒にいるだけでも嬉しい」といわれたら、男性は、もう、その女性を離さないと思うはずです。

反対に、女性のほうがうまくいかないこともあります。

閉経を機会に、女性は濡れにくくなります。その場合には、潤滑剤を使うことをオススメします。

潤滑剤は一般的な通販サイトなどで簡単に手に入ります。

一昔前には、そうしたものは怪しげな店にしかない、というイメージがあるかもしれませんが、いまはそんなことはありません。

70歳を過ぎるとモテるようになる!

60歳よりも、70歳のほうがモテる、といったら信じますか?

でも、これは本当の話です。ことに男性の場合には、100パーセントそうだといってもいい過言ではありません。

女性の場合は、年齢はあまり関係ありません。60歳になっても、70歳になっても、モテます。

男性が、60歳よりも70歳のほうがモテるというのは、生々しさが抜けるせいかもしれません。

いまの60歳は、若すぎるのです。

そのために、女性には、ギラギラとしたイメージで見られてしまうことがあります。

それが70歳になると、落ち着いたイメージに変わります。男のほうでも、女性とのつき合いに余裕が出てきます。

なぜかといえば、やはり70歳という年齢が、「現役」からは一歩引いた感じになるからです。

女性と2人きりになっても、「どうなるものでもない」とあきらめているところがあります。それが、ガツガツしない、余裕をつくるのです。

けれども、体力も気力も性欲も、じつはそこまで落ちていません。

その気になれば、いつでも男を取り戻せるのです。

女性は、「70歳」という年齢に油断している分、ふと見せられた男らしさにグッと来てしまうというわけです。

いまの女性は、相手の年齢が自分よりずっと年上でも、気にしないようです。

同世代の男性では、結婚しても共働きは必須で、デートにしても割り勘となれば、頼もしさや男らしさを感じられないからではないでしょうか。

年齢よりも、感覚が合うかどうか、話が面白いかどうか、優しいかどうかで、女性は相手を判断します。

その点で、女性というのは、若いときから「人を見る目」を持っている人が多いのです。

とはいうものの、年の離れた人との恋愛には、躊躇してしまうものです。

ことにセックスをするとなると、「相手をがっかりさせてしまうのではないか」と心配になることもあるでしょう。

けれども、恋愛は、セックスだけではありません。他にも共通の楽しみを持ちながら、その1つにセックスも入ってくるわけです。

好きな人ができたときに、その人のセックスが悪いからといって、「もうつき合いたくない」とあなたは思うでしょうか。

どうしても相性が合わずに、そういうふうになることはありますが、たいていの場合は、何回か試すうちに、だんだんとよくなるものです。

若いときのセックスも、そうではありませんでしたか？

恋愛は、いくつになっても変わらないものです。

好きな人ができれば、とたんに10代の頃に戻って、当時、思い悩んだようなことで、また思い悩むのです。

それは60歳でも、70歳でも同じです。

でも、だからこそ、恋愛は、いくつになっても楽しいのです。

自分の年齢に遠慮することなく、恋愛もセックスも、積極的に楽しんでいく、というのはいかがでしょうか。

出会いだけで終わらせない次の一手

魅力的な異性と出会って、すぐに相思相愛になればよいのですが、そううまくはいかないのが恋愛です。

若いときならともかく、告白でもしてフラれたら、そのあとの関係に支障が出てしまう、ということもあるでしょう。

大人の恋愛は、告白せずに前に進めていくことができます。

意中の人ができたら、その人と会える機会を逃さないことです。

できるだけ2人で会えるようにするのです。

さりげなく、カフェや食事に誘ってみてもいいでしょう。

食事に誘ったからといって、告白したことにはなりません。

共通の話題があれば、それについて、もっとお話ししましょう、ということでもいいし、相手の得意なことを「こんど自分にも教えてほしい」といっても、なんの違和感もありません。

もしも、ここで2人で会うのは困るような素振りがあれば、残念ですが、そこから進展することは難しいかもしれません。

その場合には、すっぱりとあきらめましょう。

1人だけにのめりこまないようにするのも、大人のテクニックです。

また、他の人にも声をかけていると知れば、相手のほうから、誘ってくることもあります。

「自分のことを好きな男性はわかる」という女性がいましたが、そう思っていた相手が、自分以外の女性に走ってしまいそうだと思えば、急に惜しくなることがあるわけです。

そんな相手からのアプローチがあれば、それを逃さないことです。

それがない場合は、他の人を誘えばいいのです。それが、運命の相手になる可能性もなくはありません。

一度、カフェでも食事でも一緒に行って、楽しければ、「また行きましょう」と誘ってみたらどうですか？　どのくらいの頻度で誘ったらいいのかがわからないという人もいますが、「また来月」でも「また来週」でも、あるいは「また明日」でもいいのです。2人で会う機会が増えれば増えるほど親密になるというのは、恋愛心理の常識です。

「どうして、こんなにしょっちゅう一緒にいるんだろう」というくらい一緒にいれば、その先に進むチャンスも多いでしょう。

たとえば、相手と手をつなぐ機会は、すぐにつくれます。

まずは、待ち合わせ場所を駅など、人の多いところに設定します。

そして、約束の時間よりも、少し遅れていきます。

相手が待っているのが見えたら、相手にわかるように手を振りましょう。そうすると、知らず識らず相手も手を振ります。相手に近づいていくときに、その手に自分の手を重ね、そのまま手をつないでしまうのです。

人混みですから、離れないようにするため、という大義名分もできます。

「大義名分」ができると、そのことを受け入れやすくなるのです。

「終電が出てしまったから」、仕方なく「ホテルに入るしかなかった」。

「他のお店がいっぱいだったから」、仕方なく「ホテルに入るしかなかった」。

「そのホテルに行ってみたかったから」、「2人で行ってみた」というようなことです。

他の人が聞いたら「ただのこじつけ」でも、2人にとっては「仕方のないシチュエーション」ができれば、OKです。

あとは、2人の世界で進んでいくだけです。

世間のルールより、自分のルールを優先する

「好きな人ができても、相手が結婚していたらどうするか」と悩む人もいるでしょう。

浮気も不倫も、してはいけないものです。そんなことは決まっています。

だから相手は、独身でなければならない、と考えるのは正しい姿勢です。

でも、正しい姿勢を貫けるとは限らないのが恋愛だということもあります。

人を好きになるというのは、理屈ではありません。

「気がついたら、そうなっていた」ということもあるのです。

そして、70歳を過ぎて、そんな気持ちになったのだとしたら、世界中を敵にまわしても、その恋愛に生きてみたいと思いませんか。

じっさいには、世界を敵にまわす必要はありません。

ただ、秘密を厳守することです。

恋愛すると、そのことを周囲に知らせたいような気持ちになります。

幸せであればあるほど、そうしたくなるものです。

でも、そのことによって傷ついたり、寂しい思いをしたり、心配したりする人がいるなら、それは避けるべきです。

それに、秘密があるというのは、恋愛にスパイスのような効果をもたらし、さらに関係が燃え上がるということもあります。

72歳で「恋人ができた」とこっそり教えてくれた友人がいますが、こちらのほうが照れてしまうくらい、楽しそうにしていました。

彼には奥さんがいるので、いわゆる不倫の関係です。どうやら、相手の女性にも家庭があるようです。

だから、毎日のようには会えないということですが、会ったときには、必ずセックスもしているようです。

最初は緊張して、うまくいかなかったようですが、「2回目はうまくいった」そうです。それまでは、女性との関係はほとんどなかったようですが、自分でもびっくりするくらい、若さを取り戻せたということでした。

連絡はもっぱらＬＩＮＥを使っているそうで、「おかげでスマホを使えるようになった」と喜んでいました。

恋愛の力は偉大です。好きな人のためなら、スマホも使いこなせるようになるのです。

世間のルールでいえば、2人の関係は、許されないことであるかもしれません。でも、72歳になって、まるで20代に戻ったような気持ちを味わえるというのは、幸せなことです。それを優先することは、いけないことでしょうか。

70歳を過ぎて、好きな人ができ、相手も同じように感じてくれているとしたら、それこそ僥倖《ぎょうこう》に恵まれたというものです。

そんな相手に出会えるのは、この機会を逃したら、もう二度とないかもしれないのです。

70歳からの恋愛は、それが「人生最後の恋」になりうる可能性が高いでしょう。だとしたら、世間のルールより、自分の気持ち、相手との関係を大切にすべきです。

ただし、だからといって何をしてもいいわけではありません。

自分の気持ちを大切にしながら、周囲も大事にできる、というのが大人の甲斐性です。

『60歳からの後悔しない生き方』(きずな出版)で、私は次のように書きました。

「20代、30代のときには、恋愛すれば100パーセントの気持ちで、相手に応えなければならなかったのが、大人になるほど、そのパーセンテージは下がってきます。

60歳にもなれば、40パーセントくらいの気持ちでも、十分に恋愛をすることが可能です。つまり、それほどの覚悟がなくても、相手の気持ちに応えられるということです。」

これは、70歳になっても同じです。むしろ70歳のほうが、もっと余裕ができるでしょう。恋人のことも、家族のことも大切にできるのが、大人の恋愛です。

自分なりのルールを守って、人生の僥倖をつかみに行きましょう。

第6章

「家族の絆」
「仲間の絆」を
断ち切らない

子どもに期待しないことが家族関係をよくする

子どももいつのまにか巣立って、家族で会うのはお盆と正月くらい、という人は多いでしょう。

「私のことが心配じゃないんでしょうか」

といわれるのは70代半ばの女性です。

「2人の子どもは独立しましたが、めったなことがない限りは電話もかけてきません。40歳も過ぎているのに結婚もしないで何を考えているんでしょう?」

途中からは、私に話すというよりは独り言のようになっていましたが、同じような思いをしたことが、あなたにもあるのではないでしょうか。

私にも子どもが2人いますが、子どものとの関係をうまくいかせるには、子どもに期待しないことです。

子どもは親を思ってくれるもの、大事にしてくれるものと思っていると、そうとは思えない態度にイライラしたり、寂しい気持ちになったりということがあります。

だから、最初から期待しないのです。

子どもの立場からすれば、親を思っていないということはないでしょう。だからといって、しょっちゅう親の顔を見に行けるわけではありません。

子どもには子どもの仕事があり、家庭があり、生活があるのです。

まず、そのことを理解してやらなければなりません。

電話くらいかけてほしいという気持ちはわかりますが、生活のリズムが違うことで、タイミングが合わないこともあります。なまじそれを期待するから、振り込め詐欺にかかってしまうのです。

たとえば、都会で仕事をしていれば、夜の10時くらいまでは、たとえ自室に帰っていたとしても、ゆったりくつろぐことはできないでしょう。

ようやく落ち着いた時間になって、親に電話でもかけるか、と思っても、すでに「寝ているかもしれない」と思うのではないでしょうか。

差し迫って連絡しなければならないことがあるならともかく、声を聞きたいというくらいでは、「またにしよう」となります。そうして、あなたからすれば、「電話もかけてこない」ということになるわけです。

孫が小さいうちは、「もっと遊びに来てくれたのに」ということもあるかもしれません。あるいは、「孫が生まれるまでは遊びに来てくれたのに」ということもあるかもしれませんが、その孫を育てることだけで精一杯ということもあるのです。そのことも理解してあげましょう。

ものわかりのいい親になりなさい、というのではありません。

子どもに限らず、人に期待してしまうと、それが裏切られたとき、私たちは、がっかりしてしまいます。

自分のことを軽んじられたような気持ちになって、果ては、「自分は誰にも顧みられない孤独な存在だ」と思ってしまうことがないとはいえません。

「子どもに期待しないほうがいい」というのは、そんな気持ちにならないための対策といってもいいでしょう。

たとえば、母の日や父の日には、子どもが顔を見せてくれると、それだけで嬉しいものです。でも、いまや子どもたちも、母でもあり、父でもあるわけです。

親にとって、子どもが無事に生きて、生活できているのであれば、それ以上のことはありません。

連絡がないのは、彼らがそれだけ頑張って暮らしていることの証《あかし》でしょう。何か、本当に困ったことがあったときには連絡してくるだろう、くらいに考えておけばよいのです。

お互いに、困ったことができたら相談できる関係であるなら、じっさいに連絡があるかどうかは、どちらでもよいのではありませんか？

パートナーとの時間を、いまこそ大切にしよう

あなたにとってパートナーとは、どんな存在ですか。

ある人にとっては「戦友」であり、ある人にとっては「理解者」であり、「心の拠《よ》り所」であり、「生きがい」という人もいるでしょう。そのすべてだという人もいるはずです。

そんなパートナーと過ごす時間を、いままで以上に大切にしていきましょう。

人生１００年時代といっても、その時間が確約されているわけではありません。自分が先か、相手が先かはともかく、別れのときが来るまで、後悔のない時間を持つことです。

ふだん長い時間を一緒にいることで、それが当たり前になってしまいがちです。

隣の芝生は青いというように、外にいる人のほうが、よく見えることもあります。身近であるがゆえに、ないがしろにしてしまうことがあるのです。

70歳になったら、近くの人こそ、大切にすることです。

あらためて、自分のパートナーを見直しましょう。いまはパートナーはいないという人も、かつてのパートナーを思い出してみてください。

あなたのパートナーは、どんな人ですか？

あなたにとって、相手の一番の魅力とは、どこでしょうか？

それを考えてみるだけで、いままでのパートナーと人生に、感謝の気持ちが湧いてくるでしょう。

その恩返しをするためにも、これからの、ともに過ごす時間を大切にしなければなりません。

一緒に過ごす時間をつくるといっても、旅行をしたり、食事に出かけたりというような、特別な時間でなくてもいいのです。

もちろん、そうした時間をつくれれば、それに越したことはありませんが、70歳を過ぎたら、そんな記念日的な行事にしなくても、快い時間は過ごせるものです。

ところで、女優の樹木希林さんが亡くなって、その半年後、夫である内田裕也さんも亡くなりました。2人はずっと別居婚で、一度は内田さんが離婚届を提出し、それを認めない樹木さんとのあいだで訴訟に発展したことで、マスコミを賑わせたこともありました。まさに型破りな夫婦関係だったと思いますが、夫婦のことは、夫婦にしかわからないものです。

どんなに断ち切ろうとしても、縁が切れることはない。というのは、やはりそれだけ深いつながりがあったからでしょう。

いまどきは前世を信じる人が多いようですが、それこそ前世からの縁があったのかもしれません。

運命の人というのは、その出会いによって、自分の運命が変わっていく存在ですが、生涯にただ1人というわけではない、というのが私の持論です。

また夫婦だけが、運命の人とは限りません。

ただし、夫婦でも、運命の人ではないこともあるかといえば、それはないでしょう。運命の存在だったからこそ、結婚したのです。

たとえ、その結婚生活が短期間で終止符を打たれることになっても、あなたの人生において、その人の存在は必要だったのです。

いまはパートナーがいない、という場合には、これから現れる可能性もあります。ぜひ、「パートナーを見つけたい」と思って、行動してみてください。

70歳を過ぎたら、パートナーの存在が、安心をもたらします。

ある人は余命を宣告された医師と恋に落ちて、最後の時を過ごしました。

2人で一緒にいられたのは、人生の最後の1年にも満たない時間だったかもしれませんが、かけがえのない時間であったことは想像に難くありません。そんな運命の出会いもあるのです。

独り暮らしを孤独と決めつけない

パートナーはいないよりはいたほうがいい、とはいっても、では1人ではダメなのかといえば、もちろん、そんなことはありません。

年を重ねて独り暮らしをしている人がいちばん恐れるのは、孤独死だ、という人がいます。

たしかに、いまは隣近所にどんな人が住んでいるかもわからない、というのが普通です。

家の中で、脳梗塞《のうこうそく》やくも膜下出血、食物や薬による血圧低下や意識障害をもたらすアナフィラキシーショックなどを起こしても、誰にも気づいてもらえない、ということも、ないとはいえません。

私が階段から落ちたときも、落ち方によっては、命を落とす可能性もあったわけです。

そのとき家族は留守でしたが、その意味では、独り暮らしでなくても、たまたまの偶然で、独りで死を迎えることもあります。

そう考えれば、前でも書きましたが、あまり悲観しないことです。

独り暮らし、イコール、いつかは孤独死、などと決めつけてはなりません。

知り合いの女性は、ご主人を看取り、いまは都内のタワーマンションに独り住まいです。

娘さんが1人いらして、「ときどき顔を見せてくれます」ということですが、1日に誰にも会わない日もめずらしくないとか。それでも、「寂しいことなんかないですよ」といっていました。

誰にも会わない日が多いといっても、それこそ、マンションのエレベーターに乗れば、どなたかと一緒になることはあります。

いまどきの都会のマンションの住人は、そこでおしゃべりをするような関係には、あまりならないようですが、それでも、「こんにちは」と挨拶したり、「暑いですね」「寒いですね」と声をかけてくれる人もいるそうです。

買い物に行けば、店員さんと話をすることもあります。

もちろん、商品についてちょっと聞いたりする程度のことのようですが、それでも声を出すと、それだけで気が晴れるということもあるようです。

おしゃべりを楽しみたいときには、気の置けない友人に声をかけます。

独り暮らしなので、家族の食事の心配をすることもありません。

彼女の人生を聞いていると、孤独なんて、とんでもない。羨《うらや》ましいくらいの、悠々自適な生活だと思いませんか?

人の暮らしは、人それぞれです。どんなに恵まれた環境でも、孤独に暮らしている人はいます。逆に、傍から見れば寂しい暮らしに見えても、じつはそうではないこともあるわけです。

70歳になったら、いや年齢が何歳でも、自分のことを「かわいそう」と思うような暮らしは、避けたいものです。

独りを孤独だと思えば、悲しくなりますが、独りは自由だと考えたら、どうでしょうか。

子どもや孫がいない人は、子どもや孫がいる人のことを羨ましく思うでしょう。でも、その子どもや孫が悩みの種にもなりうるのです。

いまは「8050問題」もあります。

ひきこもりの子どもが50歳になると、親は80歳になります。それまで子どもの生活のすべての面倒を見ていた親が、体力的にも経済的にも支えられなくなるわけです。親としては、そんな子どもをどうしたらいいのか――思い悩んだ父が息子を殺すという事件まで起きています。

人はそれぞれ。自分に与えられた人生をどう生きるか、ということが、私たちの人生の課題ともいえるでしょう。

たとえケンカしても絶交はしない

「70代の両親がケンカばかりしていて困っています」という人がいました。

夫婦喧嘩は犬も食わない、といわれるほどで、真に受けて解決しようとしても徒労に終わるだけ。放っておくのが一番ですが、子どもというのは、いくつになっても、両親が諍《いさか》いを起こすのは、やはりイヤなものなのだなと思いました。

本人たちにとっては、それほど深刻な問題ではないでしょう。

本当に仲が悪ければ、とっくに離婚していたのではないでしょうか。

70歳になっても離婚していない、ということは、子どもの見ていないところでは、案外、仲良くしているのかもしれません。

この本を読んでいる人の中にも、パートナーとはケンカばかりしている、という人がいるかもしれません。

それでも離婚しないのは、「子どものため」「家のため」「いまさら別れても生活できない」ということがあるからでしょうか。

「別れたら不便だ」という人もいるかもしれません。むしろ、これが本音ということもあるでしょうか。

夫婦に限らず、親子、知人や仲間と、意見が食い違ったり誤解が生じたりして心ならずも言い合いになったり、しばらくは会いたくない、という気持ちになったりすることもあるでしょう。

ケンカができる、というのは、それだけ心を許し合えている関係だから、ということもできます。

でも、自分がそう思っているだけで、相手は苦々しい思いをため込んでいるかもしれません。

私の知り合いで、息子のお嫁さんとの関係が、ほぼ絶縁状態だという人がいます。自分では、よかれと思って、お嫁さんを教育するつもりで、家事や育児のことに口を出していたそうです。

お嫁さんは、おとなしく聞いてくれていたのですが、ある日、

「あなたがそんなことだから、孫の出来が悪いんだ」

といってしまったそうです。

それ以来、お嫁さんは、家に来なくなったそうです。正月などに、息子や孫は顔を見せますが、お嫁さんはいつも自宅で留守番だそうです。

当然、息子たちが遊びに来てくれることも、以前より少なくなったそうです。お嫁さんに謝りたいと思っても、顔を見せないのですから、「謝りようがない」ということで、こんどは、私の知り合いのほうが、「とんでもない嫁だ」と思うようになってしまった、ということです。

ケンカというのは時に、引っ込みがつかなくなる、ということもあって、そのために、関係が切れてしまうこともあるのです。

長年連れ添った夫婦や、親子関係でも、そんなことは絶対にない、とは言い切れません。私の知り合いのように、相手が息子の嫁となれば、もとは他人で、友達でもないわけですから、関係がこじれてしまうこともあります。

そのために、息子や孫にもなかなか会えない、となっては、なんともつまらないケンカをしたものです。

友人でも、ケンカがきっかけで、それまでの関係が切れてしまうことがあります。そうなると、顔を合わせる機会がなくなって、次に会うのは、どちらかの葬儀、ということにもなりかねません。

「そんなつもりじゃなかった」「また以前のようにつき合いたい」と思っても、仲直りのきっかけがない、ということもあります。

70歳を過ぎて、会えなくなる人がいるというのは、つらいものです。

もしもケンカをしたとしても、そのまま絶交にならない逃げ道をつくっておくことも大切です。

70代で生涯のパートナーに出会うこともある

70歳になって、人生のパートナーに出会えるかといえば、もちろん答えはイエスです。

私のことでも、それを証明することができます。

パートナーといっても、ビジネスパートナーですが、私が現在、きずな出版の専務である岡村季子さんと出会ったのも、72歳のときでした。

当時の彼女はある出版社の編集部員で、私の担当になったということで、挨拶に来られたのが最初の出会いです。その頃の私は作家として活動しており、自分でいうのもなんですが、よく売れている時代だったのです。

正直なところ、将来のビジネスパートナーになる人だとは、思ってもみませんでした。

それまでも何百人という編集者に会ってきましたが、女性編集者で優秀だと思った人は2人しかいませんでした。編集者については、自分の本業だということもあり、私の見る目は厳しくなるのです。

最初に会った岡村さんは、40歳になる直前くらいで、その実年齢よりは少し若く見える以外は、普通の編集者だと思いました。

ところが、彼女の担当で新しい企画がスタートしたときのことです。

その日は、その本の第一稿（まだ完成していない、最初の原稿）を渡すことになっていました。

その場で読み始めた彼女の様子が変なのです。少なくとも、感動に震えているようには見えません。

「何か、まずい部分がありましたか」と聞くと、いいにくそうに、「この原稿ではダメです」と話し始めたではないですか。

まだ第一稿ですから、私も加筆するつもりでしたが、「ダメだ」といわれて、いい気持ちはしません。私にも書き手としてのプライドがあります。

なぜ、その原稿がダメだったかといえば、その本のターゲットが、私と彼女とでは微妙に違っていたのです。

彼女の意見を通すなら、私のその原稿は無駄になってしまう。少なくとも、私はそう思いました。腹が立つというよりは、困ったなと思いました。

当時の私は、他にも原稿を抱えていて、書き直す時間が取れないというのが、私にとっての一番の問題でした。

黙り込む私に、彼女は次のように提案しました。

「先生のお時間がないようでしたら、私が書き直すというのはいかがでしょうか」

もしも私が彼女の上司で、横に座っていたら、「おまえは何を言い出すんだ」と怒鳴りたいところです。

怒鳴って帰してしまうというのも1つの選択だったかもしれませんが、私は渋々、

「ではそうしてみてください」といって、その日は終わりました。

間もなくして、彼女が書き直した原稿を持ってきたのですが、それを読んで、私は彼女を見直しました。

「この人を手放してはいけない」

そう思ったのです。

だからといって、すぐにビジネスパートナーに抜擢《ばってき》したわけではありません。そうなるまでには、いろいろな「運命のきっかけ」がありました。

まさか一緒に出版社を起こすとまでは思っていませんでしたが、彼女がいなければ、きずな出版は生まれていなかったでしょう。

私の70代からの人生は、このビジネスパートナーによって、大きく変わったといっても過言ではありません。

もしも、この出会いがなければ、私は80歳にもならないうちに、仕事をやめてしまっていたかもしれません。じっさい、運転免許を返納した頃から、そのための準備をしていたところもありました。

そんな私が、きずな出版の前身である会社を岡村さんと設立したのは、75歳のときでした。

70歳のときには、5年後に、そんな変化が訪れるとは思ってもいませんでした。

変化を起こせたのは、私に見る目があったからだと自負しています。

チャンスというのは、じつは誰にも、いくつになってもあるものです。

どのチャンスをつかむかで、その後の人生が変わります。

あなたの人生も、あなたがその気になりさえすれば、まだまだ変わっていきます。可能性の扉は、いつでも開かれているのです。

第 7 章

「したいこと」「しないこと」を決めておく

限りある時間を、どう過ごすか

70歳になっても、未来に向かって、可能性の扉を開いていくことはできます。

けれども、そのための時間は無制限にある、とはいえません。

どんなに、あなたが若々しくても、人生の終盤にさしかかっている、というのは否定できません。

仮に100歳まで生きるとして、それを1000メートルとすれば、ゴールまでは300メートルです。

30歳であれば、まだ折り返し地点にも達していないと考えれば、30歳の人の1日と、あなたの1日は、同じ24時間でも、その価値はまったく違います。

私はいま、文章塾などの講座を開いていますが、ビジネスパートナーの岡村さんは、事あるごとに、「無理して開かないでいい」ということをいいます。

88歳の私の残り少ない時間を、自分自身のために使ってほしいと思ってくれているのです。

けれども私は、残り少ない時間だからこそ、自分が教えられることは、いまのうちに、すべて教えておきたいという思いがあるのです。

70歳を過ぎたら、「自分に残された時間」を考えてみましょう。

限りある時間に、

・自分は何をしたいか
・どんなふうに過ごしたいか
・誰と過ごしたいか

――そう考えてみると、いまの時間の過ごし方を見直すことにもなるでしょう。

毎日というのは、なんとなく流れてしまいます。

よほどの計画を立てない限り、あっという間に1日は過ぎて、「何もしなかった日」が続いてしまうのです。とくに男性は定年で仕事がなくなると、そうなってしまいがちです。

何もすることもなく、家族にも必要でなくなり、その上、自分の居場所がない、という「3無し人間」もいるかもしれません。

それは、なんとなく1日を過ごしてしまうからです。

定年で、会社での仕事はなくなっても、1人の人間としての仕事、役割は、いくらでもあります。それを果たすようにすると、なんとなく過ぎていく時間が、充実した時間に変わっていくのではないでしょうか。

また、「誰と過ごしたいか」ということも大切です。

70歳になると、パートナーや家族の介護をしなければならない状況に陥る人もいるでしょう。介護まではいかなくても、たとえば、それまでは「家事は妻に任せっきりだった」のが、「自分も家事をしなければならなくなった」という人もいるでしょう。

そんな状況に不満を抱くことがあるかもしれませんが、家族との時間を優先していると思えば、それは、やはり充実した時間ともいえるのではないでしょうか。

70代で、いちばん損な時間の使い方は、不満を抱きながら、毎日を過ごすことです。

もしも自分の中で「不満」が燻《くすぶ》っているとしたら、どうしたら、それを消し去ることができるかを考えてみましょう。

介護で大変な場合は、プロや家族にサポートしてもらい、週に1度とか月に1度とかのペースで、「休み」をつくるというのも、1つの解決策です。

「介護だけ」「自分のことだけ」となると、どちらも支障が出てきます。

自分にとって、有意義で、楽な時間を過ごせるよう工夫していきましょう。

おつき合いですることは免除してもらおう

昔は60歳を過ぎたら、隠居したものでした。

隠居とは、第一線を退くことですが、明治31（1898）年に公布、施行された民法によって制度化されていました。

そこでは、隠居ができる条件の1つとして、「（年齢）満六十年以上なること」をあげています。

拙著『60歳からの後悔しない生き方』でも「隠居」について触れていますが、いまの時代、60歳では隠居は早すぎるというふうに書きました。

70歳でも、第一線を退くには早すぎると私は思いますが、「隠居」するには、家《か》督《とく》を譲るという条件もあるのです。

家督とは、家を監督する人、家の代表です。いっさいの権限があるとともに、そこには責任も伴います。会社でいえば代表取締役です。

隠居をすれば、そうした役目から解放されることになります。代表取締役から平取、あるいは顧問になるのです。家に来客があっても、表に出る必要はありません。だから、「隠居（隠れて居る）」なのです。

70歳を過ぎたら、この「隠居」のいいとこ取りをする、というのはどうでしょうか。

日常をふり返ってみると、「おつき合いでしていること」が、案外あるものです。本当はやめたいけれど、やめられない、というものです。

たとえば、年賀状やお中元・お歳暮の類いがそれです。顔も思い出せないような人に、年賀状を送る必要があるのかどうか、ということです。

ただし、私は、年賀状をいっさいやめてしまう、というのは反対です。

メールやラインが広まって、年賀状を送らなくなったという人がいますが、70

代ともなると、それによって関係が切れてしまうことも、ないとはいえません。

顔も覚えていないような人との関係が切れるのはいいとしても、親しい間柄の人の場合には、どうでしょうか。

「年賀状を送るのはやめるので、あなたのリストからも私を外してください」というメールを、学生時代の友人から受け取ったという人がいました。

合理的といえばその通りですが、その友人とは1年に1度会うか会わないかの関係ですが、会えば学生時代に戻るような、親しい関係だったそうです。

けれども、

「年賀状なんて来なくてもいいんですけれど、なんだか友達リストから外されたような気持ちになって、それっきりになってしまいました」

——その友人は、おそらく、それほどの意味はなくメールしたのではないかと思いますが、それで友達を1人失ったようなものです。

「おつき合いでしていること」はやめてもいい、といっても、大事な友人をなくしてしまっては、本末転倒です。

ところで、SNSなどで連絡が取りやすくなったせいか、よく知らない人、あるいは、それほど親しいとはいえない人から連絡が入ることが、昔よりも増えたような気がします。

新しい出会いは大切ですが、そのすべてに応える必要はありません。

何かの勧誘かもしれないし、詐欺など、危険な目に遭わないとも限りません。

SNSを始めたばかりというときには、友達申請をされると、つい承認したくなりますが、その相手がどんな人とつながっているかを確認した上で、判断するようにしましょう。

「隠居」のいいところは、ふだんは表に出ず、自分が出たいと思ったときだけ、表に出ればいいということです（何も、ずっと隠れている必要はないのです）。

70歳になったら、おつき合いのルールも、自分の都合にいいかたちで改定していくのはどうでしょうか。

自分を満たすことで、周囲も満たしていく

70歳になったら、「わがまま」になったほうがいいと私は思っています。

「わがまま」には、「他人のことを考えず、自分の都合だけを考えて行動すること」という意味の他に、「思う通りに贅沢をする」ということもあるようです。

どちらも、自分を満たすことだと私は理解していますが、「自分だけ満足できればいいのか」と思う人もいるでしょう。

それに対する答えとして、質問家のマツダミヒロさんの提唱する「シャンパンタワーの法則」を紹介したいと思います。

「シャンパンタワー」というのは、グラスをピラミッド状に積み上げ、シャンパンを注ぐセレモニーのことです。

そのすべてのグラスをシャンパンで満たすには、まずは一番上の、1つめのグラスを満たし、それがあふれることで、下のグラスにシャンパンが注がれていくわけです。

マツダミヒロさんは、「一番上のグラス」を「自分」とみなして、以下、2段目のグラスは「家族」、3段目は「仕事のスタッフや友達」、4段目を「お客様」、5段目を「社会や地域の人々」としています。

シャンパンは「愛とエネルギー」です。

「まずは、自分自身に注ぐことが大事なのです。
自分に注いであふれたエネルギーが、次の段へとあふれていくことこそが、美しくエネルギーが行きわたる形なのです。自分のグラスを満たすことで、周りにもエネルギーを与えることができるのです。」

マツダミヒロ『質問は人生を変える』(きずな出版)より

マツダミヒロさんは、「自分が満たされていれば、人に優しくできます。余裕を持って接することができるし、課題の解決にもドンと構えて取り組めます。まず、自分の心を満たすことは、すべてにおいて大事なことなのです」とも書いておられますが、まさに、その通りだと思います。

昭和生まれは、自己犠牲を美徳だと考えがちです。まわりの人のことを考えて、自分のことは後回しにしてしまうことがありますが、70歳を過ぎたら、自分優先でいいのです。

いや、本当は70歳を待たず、60歳でも、それをするべきです。

拙著『60歳からの後悔しない生き方』では、そのサブタイトルを「いまこそ『自分最優先』の道を進もう！」としました。

60歳までは、したいことがあっても、仕事優先、家族優先とせざるを得ないという人がほとんどでしょう。それは、60歳を過ぎても「変わらない」かもしれません。日常のことを変えていくというのは、案外難しいからです。

でも、子どもも大きくなって、昔であれば「定年」の年齢を迎えたら、そろそろ自分のことを考えてもいいんじゃないかと思うのです。

そしていま、それを実践するべきです。

自分を優先するというのは、自分のことをするというのではありません。

自分がしたいことをするのです。

「家族が大事」というのであれば、それを優先するということです。

「趣味や仕事に没頭したい」というのであれば、それを優先することです。

そうして、あなたの人生が充実していると、元気でいられます。

70歳を過ぎたら、あなたが元気でいることが、あなただけでなく、あなたの周囲の人たちにとっても、幸せなことだと気づくのではないでしょうか。

老後のことを心配しすぎると、人生がつまらなくなる

老後にいくら必要か、いまの貯金で死ぬまで生活していけるのか、ということを心配する人は相当多いはずです。というより、それを心配しない人はいない、といってもいいでしょう。

人生１００年時代、いまが70歳だとして、まだ30年もあるわけです。

それにかかるお金が年金では足りない、ということは、私たちも、政府もわかっています。その足りないお金が２０００万円なのか３０００万円なのかはともかく、私は、「そんなことは、あまり心配しないほうがいい」と考えています。

「それは櫻井さんに余裕があるからでしょう」といわれるかもしれませんが、まったくそんなことはありません。

私がいいたいのは、余裕のあるなしにかかわらず、先のことを心配しすぎると、気持ちが暗くなるばかりだということです。

ある人は72歳で、2000万円の貯金があるそうです。

でも、もう仕事はしなくなっているので、外食にも行けないし、旅行もできないといっていました。

たしかに、そのほうが堅実な人生といえるのかもしれません。

けれども、それで楽しい人生といえるでしょうか？

私は何も、外食したほうがいい、旅行したほうがいい、といっているのではありません。

そうではなく、「もう～できない」と思うことが問題だと思うのです。

たとえば外食しようと思ったら、どれくらいのお金が必要でしょうか。

一流といわれるホテルでフレンチのフルコースを食べたら、たしかに、夫婦2人で1万円というわけにはいきません。

でも、街の中華屋さんで評判の餃子を食べに行くとしたら、どうでしょうか。

それだって、外食です。回転ずしだって、いまや大ご馳走です。

外食や旅行をするときに、目的は何かといえば、自分を喜ばせることではないでしょうか。

贅沢がダメだといっているのでもありません。ただ、誰かに見栄を張るための贅沢は、70歳になったら、もう卒業していいでしょう。いや、卒業すべきでしょう。

自分がしたいことを楽しむのが一番です。

そこで、「老後のことを考えたら何もできない」というのでは、なんのための老後なのかと思ってしまいます。

年を重ねると、それだけで気持ちは暗くなりがちです。

どんなに若々しさを保っている人でも、自分の老いを感じない人はいないからです。

老いていく容貌、落ちていく体力、ちょっとした物忘れ――そんなことを1日中、毎日毎日考えたら、明るくなれるわけがありません。その暗い気持ちが、病気を誘発してしまうこともあるのではないかと私は思います。

だからこそ、気持ちを明るく持っていくことが大事なのです。

もちろん無理にお金を使う必要はありません。

お金のことは横に置いて、自分のしたいこと、したくないことを考えてみましょう。そうして、したいことができたときに初めて、それにどれだけお金をかけられるかを考えるのです。

そこで、「お金は使えない」となったら、知恵を絞りましょう。

知恵は、そうして使うのです。

「フレンチのフルコース」に行くのが難しいなら、自分でフレンチを勉強して、家族にふるまってはどうでしょう。

そのほうが、ホテルで食べるより、ずっと楽しそうだと私は思います。

これからの人生で最優先にしなければならないこと

本書では、70歳になっても、未来に希望を持っていただきたい、という思いで書き進めてきました。

未来というと、ずっと先のことを考えてしまいます。30代、40代の若いうちはそれでよいのですが、70歳の未来は、明日のこと、明後日のことでいいのです。

年を取ると、とくに仕事をやめたり、一線から引いてしまうと、私たちの目は過去に行きがちです。

過去の栄光にしがみつく、というのは、その最たるもので、それでは時代から、どんどん置いていかれてしまいます。

そうではなく、明日、明後日を見ていくことです。

昨日の失敗を引きずることもありません。

後悔している時間は、70歳にはないのです。「今日、何をするのか」「明日、何をするのか」ということを考えていきましょう。

作家として世界で活躍している本田健さんは、「億万長者の朝は、起きたときに何をしようかと考えるところから1日が始まる」といっていました。それだけ、何事にも縛《しば》られていない、ということです。

70歳になったら、そんな「縛られない生き方」を選択できる、ということもあるかもしれません。

人によっては、もっと大きな決断をして、未来に生きていく人もいます。

ビートたけしが妻と離婚した際に、200億円の財産を渡した、いやもらっていない、ということで話題になりましたが、そのときの彼の年齢は72歳です。

その金額はともかく、72歳という年齢で、離婚した彼に、潔《いさぎよ》さというより、これからは自分で生きていくという姿勢を感じました。

普通なら、財産はできるだけ自分のもとに確保したいと思うでしょう。70歳になれば、自分の衰え、それゆえの不安を抱くものです。経済的な損得を考えたら、離婚しないという選択もあったはずです。

けれども、さすがに世界の北野武は違う、と私は思ったのです。

彼は「老後」なんて考えておらず、「これからだって何とかなる」「何とかしてみせる」と思っているのでしょう。だから、離婚し、第2の人生をスタートした、ということではないかと思います。

私は82歳で、きずな出版を起ち上げましたが、それは自分に自信があったからです。

「自分は失敗しない」ということではありません。

むしろ、失敗する確率のほうが高いと思っていました。

いまの出版業界は、お世辞にも右肩上がりとはいえません。その逆に斜陽産業ともいわれるほどで、どこの出版社も苦労しているはずです。「いまさら出版社をつくるなんて無謀だ」と思った人も、私のまわりにもいたはずです。

さらにいえば、これまで出版界で生きてきて、それなりのプライドもあります。失敗すれば、それが傷ついてしまう、ということもありました。

それでも、思いきって出版社を起こしたのは、「自分は大丈夫だ」という自信があったからです。

まだまだ、どうなるかわからないところではありますが、少なくとも、この会社を起こしたことで、新しい人たちとの出会いが増え、私の未来は、10年前よりも広がっていると考えます。

何より、毎日が楽しいのです。考えること、行動することが喜びをもたらす、ということを実感しています。

それが、70歳を過ぎた人生では一番大事で、最優先されることではないかと思います。

第8章

「80歳の自分」「90歳の自分」を楽しみに迎えよう

人生の舞台の中央に立とう

「人生の主役は自分自身」とはよくいわれることですが、本当に主役を張ってきたかというと、どうでしょうか。

とくに女性の場合には、男女雇用機会均等法もなく、女性というだけで脇にまわされたと思うようなこともあったかもしれません。

それは男性であっても、同じような気持ちで70歳を迎えたという人は多いでしょう。ことに定年以降は、一時は主役を張れた時代があったとしても、そうではなくなった、という人も少なくないはずです。

年を重ねれば重ねるほど、人生の表舞台には立てなくなる、というのは、これまでの常識でした。

でも、いまは違います。高齢化社会が進み、寿命が１００年にも届くようになる、という時代は、これまでの人類では経験できなかったことです。

人生70年時代、80年時代のロールモデルはあっても、それ以降はどうして生きていけばいいのか、健康はどう保っていけばいいのかを、模索していかなければなりません。

いわば、いま70歳のあなたが、そのモデルとなっていくことができるのです。

そう考えると、70歳よりは80歳、80歳よりは90歳の人の話を聞きたくなるものです。

それこそが、あなたが立てる舞台ともいえます。

何も健康のことだけに限りません。

食事の方法、料理の仕方、再就職の見つけ方、勉強会の開き方、若い人と仲良くなる方法、90歳の恋愛術……などなど、あなたが、自分よりも下の世代の人たちに教えてあげられるテーマは、いくらでもあります。

なおかつ、それをビジネスにしていくことが、いまは可能です。

どうですか、これからの人生が楽しみになってくるのではありませんか？

私は常日頃から、「自分なんて」という言葉を使ってはならない、ということを本や講演で伝えています。

「私なんて、無理です」

「私なんて、そんなことができるわけがありません」

たしかに、そういっている人には、どんなこともできません。仕事もまわってこないでしょう。

日本では昔から、謙譲《けんじょう》の美徳で、どんな場合にも自分はへりくだり、相手を立てるのが美しいマナーだとされてきました。

外国人には理解できない道徳観念です。

観光客が圧倒的に増えて、日本で暮らす外国人も、これからはもっと増えていくでしょう。

謙譲の美徳で生きていたら、それこそ、食べたいものも食べられないようなことにもなりかねません。

「自分になんてできない」と考えるより、「自分にもできるかもしれない」「いや、自分でなければならない」と考えるほうが、人生は楽しくなるでしょう。

少なくとも、後者のほうが、元気で、若々しくいられます。

若い人だけのものだと思っていたことにも、挑戦してみましょう。

私の場合は、その1つが「スマホ」でした。

iPhoneが日本で発売されたのは、2008年のことです。私が77歳のときでした。新しもの好きな私は、すぐに買ってはみたのですが、そのときは使いこなせずに終わってしまいました。でも、その後、iPhoneも進化して、80歳になる前には、かなり使えるようになっていたと思います。

若い人たちと同じものを使っている、というだけで、自分に自信が湧いてくるものです。

話材の多い人は、年齢を超越する

雑誌の編集長時代にお会いした作家で、印象深いのは川端康成先生です。

川端先生に初めてお会いしたのは、私が仲間とともに祥伝社を起ち上げた39歳のときです。隔週雑誌「微笑」を創刊するのに、原稿のお願いにうかがったのが最初でした。

川端先生がちょうど70歳になろうとしていた頃で、ノーベル文学賞を受賞した翌年だったと記憶しています。

川端先生は打ち合わせなどで、あまり話をしないことで有名でした。こちらの話を、ただ黙って聴いているのです。その間、あの大きな目で、じっと見ているのですから、たいていの編集者は縮こまるか、大汗をかくかのどちらかでした。

私ももちろん緊張しましたが、どうしたら先生に興味を持ってもらえるか、話ができるかを、お会いするたびに考えました。

そうして、ありとあらゆる話を振ってみたわけです。すると、あるテーマになると、先生が身を乗り出して聞いてくれることに気がつきました。

それは皇室の話題と、ファッションや芸能人の話です。ノーベル文学賞受賞者のイメージからすると、意外に思われるかもしれませんが、ふだんは無口な先生が、この話となると、私を質問攻めにするのでした。私としては、元「女性自身」の編集長の面目躍如《めんもくやくじょ》で、これほど得意な話はありません。

川端先生との距離が縮まっていくことを嬉しく思いながら、私自身、先生との話が面白くてたまらなかったのです。

いまになって思うと、当時の川端先生は70歳です。いまの70歳は実年齢よりもマイナス10歳から20歳のイメージだといわれますが、昭和40年代では、70歳という年齢は、まさしく「老人」でした。

けれども私は、川端先生を老人だと思って見たことがありませんでした。当時の川端先生の写真を見ると、白髪に和装という出で立ちのものが多く、それだけで「おじいさん」のように思われがちですが、実際の先生のイメージとそれはかけ離れたものでした。

それは、話す内容が、年齢を超越したものだったからかもしれません。それだけ話材を持っていたということです。

当時の私は、当然ですが、他の作家や、その他さまざまな職業の人たちのところにも出入りしていました。川端先生と同じ世代の男性も多かったのですが、そういう人と話をすると、たいていは「年齢」や「家族」の話になるのです。

「櫻井さんは、おいくつですか」

「今年で40歳になります」

「それなら、うちの息子と同じだね」

といった具合です。

そういう話しかできない人は、話材のない人です。つまり、「内」の話しかできない人は、その話を発展させていくことができません。不思議なもので、小説を書く先生方には、そういうところがまったくありません。

川端先生は、ノーベル賞を受賞したあとだというのに、とても若々しかったことを覚えています。

先生のお宅は鎌倉にあったのですが、先生が東京に行くときには、一緒に列車に乗ることもありました。

ある日、鎌倉の駅に向かう途中で、川端先生がとつぜん、タクシーを降りるといい出しました。作家の先生が車を降りるといったら、編集者は、その通りにするしかありません。

私はわけもわからず、先生のあとをついていきました。

すると、そこには縁日が立っていて、金魚すくいの店がありました。子どもたちが夢中ですくっていました。川端先生は、その金魚すくいの前にしゃがんで、じっとその光景を見ているのです。

なぜ、あのとき、先生がそうしたのか、私はとくに聞かなかったと思います。作家とはそういうもので、それについて聞くことも、また途中で急《せ》かせるようなこともしない、というのが、編集者としての私の暗黙のルールだったように思います。

金魚の動きを一生懸命に見つめている川端先生は、子どものようでもあり、それは、私の皇室や芸能ニュースを聞くときの先生の姿と重なるものがあります。興味のあることには、列車の時間も忘れて、それだけ没頭できるというのは、やはり大きな才能でしょう。

最近、岐阜市立歴史博物館で開催された特別展「川端康成と東山魁夷《かいい》 美と文学の森」を観る機会がありました。

そこで公開された書や絵から、お二人の交流の深さを知ることができましたが、他にも、川端先生の所有の絵画や彫刻、刀から焼き物などなどが展示されていました。その中には、川端先生が所有されてから国宝になったものもあり、先生の眼力の鋭さ、深さを改めて知った思いがしました。

美術品や骨董品を見極める目は、そう簡単に養えるものではありませんが、川端先生は、縁日の金魚を見るのと同じような感覚で、それらを見ていたのではないかと想像します。

誰の目にも左右されることなく、自分の目で見ていく、というのは大切なことです。そうして見てきたものが、自分の中に蓄積されて、それが教養になり、自分を育てていくのでしょう。

川端康成という歴史に名を残す作家とおつき合いができたことは、私の宝ですが、それでも、私は、先生の教養の、ほんの少しの部分に触れたのに過ぎなかったのだと、この特別展を見て思った次第です。

もっともっと、いろんなお話がしたかったと後悔は残りますが、先生が年齢を超越していたことには合点がいきました。私も、まだまだ精進あるのみです。

自分のこれからの予定を手帳に書き込んでいこう

仕事を離れると、手帳を持たなくなる人もいるかもしれません。

予定があっても、カレンダーに書き込むだけですませてしまうものです。

私は、70歳になった人にこそ、手帳を持つことをオススメします。

１０５歳で亡くなるまで、生涯現役を貫いた医師、日野原重明先生は、１００歳のときに「10年日記」を買って、３年後の予定も書き込んでいたといいます。

70歳を過ぎると、よほど自分で意識しないと、書き込む予定が減ってきます。

会う人は減り、行かなければならないところも、それほどにはないからです。

でも、それでは老けていくばかりです。

私は78歳のときから、福岡の博多《はかた》祇園《ぎおん》山笠《やまがさ》という祭りに参加しています。

これは博多っ子の祭りで、本来ならば東京出身の私は参加できないのですが、たまたま講演で訪れたときに見せてもらったこの祭りのことが忘れられず、いつか自分も参加したいと願っていました。

思いは叶うというのは本当で、博多出身の陶山《すやま》浩徳さんと出会ったところから、山笠とつながりました。

陶山さんは、ベストセラー『自分の小さな「箱」から脱出する方法』（大和書房）の著者であるアービンジャー・インスティチュート（研究所）の日本支社代表です。その本の担当だった岡村さんを訪ねてきたときに、一緒に食事に行きました。

そのときに、出たのが「祇園山笠」の話です。

「いつか、この祭りに参加するのが夢なんですよ」

と私がいったところ、陶山さんは満面の笑みで答えてくれました。

「それなら先生、ぜひ参加してください。僕がすべて用意しておきますから」

そうして、本当に、すべてのお膳立てをして、私を迎えてくれたのでした。

それ以来、毎年7月15日、祇園山笠の追い山に参加させてもらっていますが、これが私の生きがいであるといっても過言ではありません。

新しい年に、新しい手帳を用意しますが、そこに真っ先に書き込むのが、このお祭りの予定です。

それをすると、「この日までは元気でいないと」という力が湧いてくるのです。

70歳を過ぎたら、こうした楽しみを持つことは、とても大事です。

本書で何度も書いてきましたが、人生というのは、気を抜いていると、あっという間に、なんとなく過ぎてしまうものです。

悪いことに、なんとなく過ごしてしまっても、年を取ると誰も叱ってくれません。

最近、NHKの「チコちゃんに叱られる」という番組が人気です。

5歳のチコちゃんが問いかける素朴な疑問に回答者が答えられないと、チコちゃんに「ボーッと生きてんじゃねーよ！」と叱られます。

チコちゃんのいう通り、ボーッと生きていてはダメなのです。

そのために、日記や手帳を使って、これからの予定や、その日に知ったこと、気づいたこと、考えたことなどを書き込んでいきましょう。

スマホなどに記録することもできると思いますが、私は手と脳はつながっていて、「手で書く」ことで、脳も活発になると信じています。

それで、書いて残すことをオススメしています。

「日記はいつも三日坊主です」という人も、予定を書き込むというのであれば、続けられるのではないでしょうか。

毎日書かなければならないというのではなく、書く習慣を身につけることが大事なのです。そうなると、予定を入れるようになるでしょう。予定を入れることは、その日まで元気で生きている証拠になります。

存在感で貢献できることを知る

70代というのは、88歳の私が自分のことをふり返っても、まだまだ元気で、いちばん充実していたといっても過言ではない時代でした。

もちろん、40代、50代という、男として第一線で活躍していた頃とは違いますが、それとはまた異なる充実感を持つことができるのです。

前でも書いたように、いい意味で「期待されない時代」に入ったからこそ得られるものかもしれません。

では、その時を過ぎて、いまの私はどうかといえば、いよいよ、さらに楽しい年代を生きていると思っています。

残念ながら、70代の頃と比べれば、体力が落ちていることは否《いな》めないでしょう。

若い人たちからすれば、大目に見てもらっている、ということもあるかもしれません。けれども、そんな88歳の私が、若い人たちにとって、「特別な存在」になっているということも実感するのです。

たとえば、きずな出版は創業7年の若い会社ですが、私が社長をしていることで、信頼度が増すということがあります。

出版業界に66年たずさわってきた、というのは私にとっては、たまたまそうなったくらいのことですが、私以上の長い経験を持つ人は、もういないといってもいいでしょう。

そのことに価値を見てくれる人は、多いのです。

それが、社員の自信や安心感にもつながっていると、私は思っています。

たとえば若い頃に、何かミスやトラブルがあったとき、上司や社長が出てくれることで、心強く思ったことがあったでしょう。

年長者というのは、その存在感で貢献できるということがあるのです。

それこそが、年長者の役割といってもいいかもしれません。

年を重ねれば重ねるほど、その存在感は大きくなっていきます。

逆にいえば、存在感が大きくなるような生き方をしなければなりません。

存在感のある人になるには、それだけの人間の器、器量を養っていくことが必要になります。

若い人たちが、慌ててしまうよう場面でも、落ち着いて判断し、その対策を考えられる、その知恵と度胸と余裕を身につけることです。さらには活用できる人脈も持っていなければなりません。

よくしたもので、年齢を重ねていく中で、人は、そうした知恵と余裕を、知らず識らず、身につけていくものです。

あなたがどっしり構えていれば、まわりの人たちも、安心します。

そう考えると、年を重ねれば重ねるほど、自分の価値が上がっていく、と実感できます。80歳、90歳になることが楽しみになってきたのではありませんか？

人生100年時代を自分らしく生きる

「時代遅れの人間にはなりたくない」

そう思っている人は少なくないでしょう。あなたもそうではありませんか？

そこまで思わなくても、たとえばスマホが使えない、ＳＮＳがわからないなど、若い人たちが普通にしていることで、自分はできない、となると、「老人だから仕方がない」と言い訳してしまいがちです。

私からすれば、70歳の若さで、自分を老人扱いしてしまうほど、もったいないことはないと思っています。

本書で書いてきたように、まだまだ仕事もできれば、お金だって稼げる。恋愛もできるのです。社会貢献の場はいくらでもあります。

老人としての殻《から》に閉じこもるのは、早すぎるのではないでしょうか。

そうかといって、無理に時代についていく必要もない、とも私は思っています。

わからないこと、できないことは、かわりにしてくれる人がいればいいのです。

たとえば、病気やケガをして、食事の用意などの身のまわりのことが、以前のようにはできなくなった、という人もいるでしょう。

そのことで、自分はもうダメだ、というふうに思う必要はないのです。

いまは便利な時代になって、コンビニに行けば、それこそ何でも売っています。デリバリーサービスもあれば、家事の代行サービスもあります。

私の知り合いで、からだは元気ですが、夫が亡くなったことをきっかけに、「食事は外食ですませることにしました」という女性もいました。

70歳になれば、できないことや、できないままでも億劫になることが増えていきます。

どんなに若々しい人でも、老化はもちろんあるわけです。

老化を恐れることはないし、ましてや、思ったことがしゃべれなくなった自分を、恥じるような気持ちになる必要はまったくありません。

そういうと、いままでに書いてきたことが覆《くつがえ》ってしまうように思われるかもしれませんが、そうではありません。

若々しいことは素晴らしいことですが、それよりも大切なのが「自分らしい」ということです。

いくつになっても、自分らしく生きられることが、人生の目的といっても過言ではありません。

その「自分らしさ」を守るには、「年齢」に制限されないことです。

「もう70歳だから……」「この年でいまさら……」などと考えてしまっては、人生はつまらなくなる一方です。年齢を言い訳にしないことです。

たとえ時代には遅れていたとしても、自分らしく生きられている、としたら、それが一番のことではないでしょうか。

70歳を過ぎて、私が一番無駄なことだと思うのは、「自分にないもの」を数えることです。

自分の人生をふり返って、

「結婚していたらよかった」

「子どもがいたらよかった」

「孫がいたらよかった」

「お金があったらよかった」

「家があったらよかった」

「起業していたらよかった」

「もっと成功できていたらよかった」

などと考えることはあるでしょう。

でも、そんな「ないものねだり」を始めたら、キリがありません。

人生を後悔だけで終わるようなことにしてはいけないのです。

おわりに

70歳、あるいは70代という年齢で、あなたにしてほしい最後の1つ――

70歳、あるいは70代といういま、これからの人生を、あなたはどんなふうに生きていきたいと思っているでしょうか。

本書を読んで、「何か始めたい」「もっと積極的に生きていきたい」と思っていただいたら、著者として、また、あなたよりも少し先をいく人間として、それほど嬉しいことはありません。

ところで私が、これからしてみたいと思うのは、絵を描くことです。

若い頃から絵画が好きで、私の家やオフィスは、それこそ絵だらけといってもいいほど、壁という壁に、絵が掛けられています。

ほとんどが油絵ですが、自分では、油絵を描いたことがありません。

いまなら高校でも油絵の授業を受けられることもあるようですが、私の時代には、絵の具がまず品不足で、普通にはなかなか手に入りませんでした。

編集者になったことで、画家とのつき合いもあり、それでいただいた絵も飾られていますが、鑑賞するだけで、自分では描く機会はないまま、いまに至っています。

それをなぜ、いま始めようとしているかといえば、それが自分の生きた証にもなるのではないかと思うからです。

70歳を過ぎたら、何か残せるものをつくる、というのは1つの楽しみになると考えます。

私は絵を残したいと思いますが、書でも焼き物でもよいかもしれません。

私の講座には、自分史を残す、という受講生もいます。

大成建設のＣＭでは「地図に残る仕事」をしているということが、コピーとして使われていますが、それに関わった社員は、それこそ生きた証として自分に誇れることでしょう。

歴史にも地図にも残らなくても、何か、自分で残せるものはないか。

それを考え、じっさいに始めてみるのです。

いままでにやったことがないことでも構いません。むしろ、そのほうが面白いのではないでしょうか。

どんなことでも10年続けていけばプロになれる、といわれます。

あなたも、これからの10年をかけて、「残せる仕事」に取り組んでみませんか。

これが、70歳のあなたへの、私からの最後の課題です。

ご健闘を祈ります。

櫻井秀勲

●著者プロフィール

櫻井秀勲（さくらい・ひでのり）

1931年、東京生まれ。東京外国語大学を卒業後、光文社に入社。遠藤周作、川端康成、三島由紀夫、松本清張など歴史に名を残す作家と親交を持った。31歳で女性週刊誌「女性自身」の編集長に抜擢され、毎週100万部発行の人気週刊誌に育て上げた。55歳で独立したのを機に『女がわからないでメシが食えるか』で作家デビュー。以来、『人脈につながるマナーの常識』『今夜から！口説き大王』『寝たら死ぬ！頭が死ぬ！』『子どもの運命は14歳で決まる！』『老後の運命は54歳で決まる！』『劇場化社会』など、著作は200冊を超える。

- 著者公式HP
  http://www.sakuweb.jp/
- オンラインサロン「櫻井のすべて」
  https://lounge.dmm.com/detail/935/
- オンラインサロン「魔法大学」
  https://www.kizuna-cr.jp/wizard-academy

NexTone許諾番号PB43804号（66〜67ページ）

70歳からの人生の楽しみ方

いまこそ「自分最高」の舞台に立とう！

2019年8月10日　第１刷発行
2022年8月１日　第10刷発行

著　者　櫻井秀勲

発行者　岡村季子
発行所　きずな出版
東京都新宿区白銀町1-13　〒162-0816
電話 03-3260-0391
振替 00160-2-633551
http://www.kizuna-pub.jp/

ブックデザイン　福田和雄（FUKUDA DESIGN）
編集協力　ウーマンウエーブ
印刷・製本　モリモト印刷

©2019 Hidenori Sakurai, Printed in Japann
ISBN978-4-86663-083-0

きずな出版

櫻井秀勲の好評既刊

60歳からの後悔しない生き方

いまこそ「自分最優先」の道を進もう!

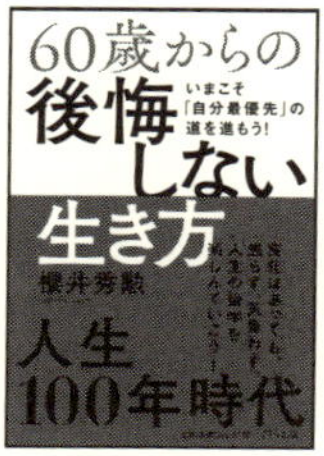

第二の人生がスタートする60歳。仕事や家族との付き合い方が前半生とは大きく変わるこの時期に、どのような生き方の指針を持てば、後悔しない後半生を送れるのか。人生の残り時間をつい考えて「焦り」が生まれるこの時期を、充実したものに変えるための珠玉のアドバイス。

本体価格 1500円+税

書籍の感想、著者へのメッセージは以下のアドレスにお寄せください
E-mail: 39@kizuna-pub.jp

きずな出版
http://www.kizuna-pub.jp

櫻井秀勲の好評既刊

老後の運命は54歳で決まる！
第二の人生で成功をつかむ人の法則

人生でもっとも決断力がつく50代。前半生の締めくくりに、何を捨て、何を得るべきなのか？　人生を尻すぼみにさせないために、最高の決断を下せるようになる指針。

本体価格1500円＋税

子どもの運命は14歳で決まる！
わが子の将来のために、親として何ができるか

子どもの才能は「14歳」がターニングポイントになる！社会を生き抜ける子に育てるため、親にできることとは。運命学の権威が教える子育ての極意。

本体価格1400円＋税

書籍の感想、著者へのメッセージは以下のアドレスにお寄せください
E-mail：39@kizuna-pub.jp

きずな出版
http://www.kizuna-pub.jp

櫻井秀勲の好評既刊

劇場化社会

誰もが主役になれる時代で頭角を現す方法

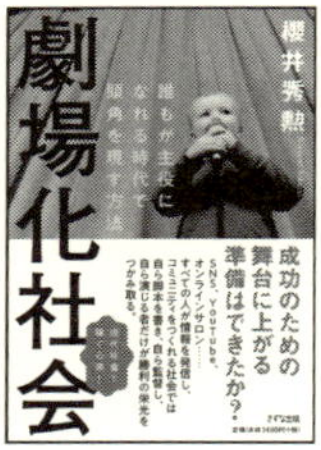

インターネットの発達により、誰でも手軽に自分を発信し、世間という大きな舞台に上がれる時代になった！　80代にして3つのオンラインサロンを運営し、コミュニティを持つ著者が語る、個人が活躍する新しいこれからの生き方についてのアドバイス。いつまでも観客でいるのはやめて、そろそろ主役になろう。

本体価格 1480 円 + 税

書籍の感想、著者へのメッセージは以下のアドレスにお寄せください
E-mail：39@kizuna-pub.jp

きずな出版
http://www.kizuna-pub.jp